女人是直觉动物，瞬间提升潜在优势

不必拼狠劲 姐有洞察力

职场女性最讨巧的升职术

徐筠 著

辽宁教育出版社

图书在版编目（CIP）数据

不必拼狠劲 姐有洞察力：职场女性最讨巧的升职术 / 徐筠著. — 沈阳：辽宁教育出版社，2012.2

ISBN 978-7-5382-9604-4

Ⅰ. ①不… Ⅱ. ①徐… Ⅲ. ①女性—心理交往—通俗读物 Ⅳ. ①C912. 1-49

中国版本图书馆CIP数据核字（2012）第008482号

辽 宁 教 育 出 版 社 出 版 、 发 行

（沈阳市和平区十一纬路25号 邮政编码 110003）

三河市文通印刷包装有限公司印刷

（三河市燕郊镇圣屯）

开本：635毫米×965毫米 1/16 字数：206千字 印张：15. 5

2012年3月第1版 2012年3月第1次印刷

责任编辑：沈 放 出版统筹：李耀辉

特约编辑：李 鑫 产品经理：李家晔

封面设计：吕彦秋 版式设计：刘珍珍

ISBN 978-7-5382-9604-4

定价：28.00元

目录

CONTENTS

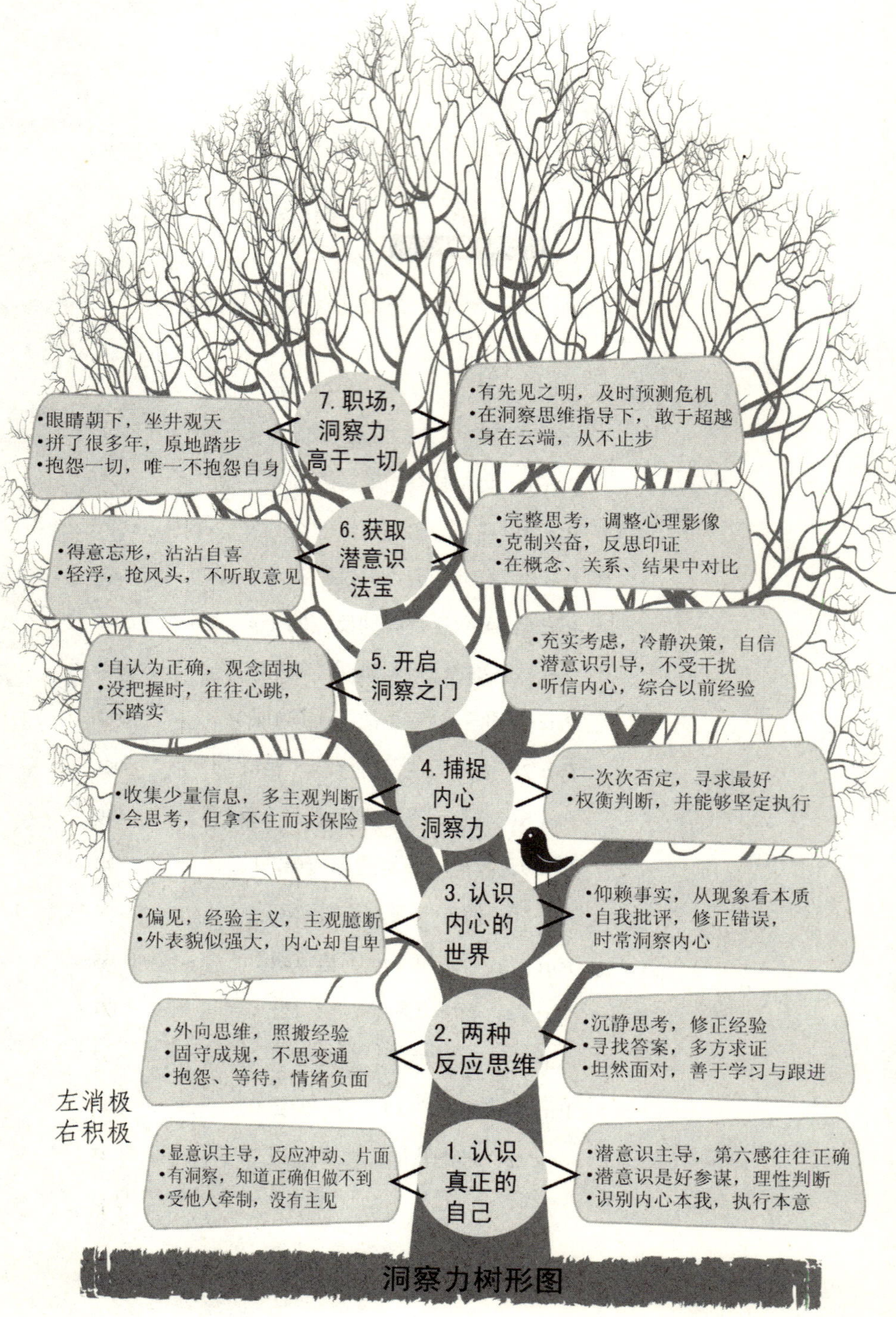
7. 职场，洞察力高于一切
•眼睛朝下，坐井观天
•拼了很多年，原地踏步
•抱怨一切，唯一不抱怨自身
•有先见之明，及时预测危机
•在洞察思维指导下，敢于超越
•身在云端，从不止步
6. 获取潜意识法宝
•得意忘形，沾沾自喜
•轻浮，抢风头，不听取意见
•完整思考，调整心理影像
•克制兴奋，反思印证
•在概念、关系、结果中对比
5. 开启洞察之门
•自认为正确，观念固执
•没把握时，往往心跳，不踏实
•充实考虑，冷静决策，自信
•潜意识引导，不受干扰
•听信内心，综合以前经验
4. 捕捉内心洞察力
•收集少量信息，多主观判断
•会思考，但拿不住而求保险
•一次次否定，寻求最好
•权衡判断，并能够坚定执行
3. 认识内心的世界
•偏见，经验主义，主观臆断
•外表貌似强大，内心却自卑
•仰赖事实，从现象看本质
•自我批评，修正错误，时常洞察内心
2. 两种反应思维
•外向思维，照搬经验
•固守成规，不思变通
•抱怨、等待，情绪负面
•沉静思考，修正经验
•寻找答案，多方求证
•坦然面对，善于学习与跟进
左消极
右积极
1. 认识真正的自己
•显意识主导，反应冲动、片面
•有洞察，知道正确但做不到
•受他人牵制，没有主见
•潜意识主导，第六感往往正确
•潜意识是好参谋，理性判断
•识别内心本我，执行本意

洞察力树形图

序：没有洞察力，你还敢拼职场

“职场如此残酷，女人内心要强大”、“没有洞察力，你还敢拼职场？”很多人如是说。

这是一个残酷加险恶的世界，而女性，往往自觉不自觉地就把自己定位为弱者。优胜劣汰，只有在险恶的夹缝中成为强者，你才能掌握自己的命运。在这样一个竞争时代，不论是个人还是企业，要取得核心竞争优势，就必须拥有创造能力、创新意识、洞察能力，而这些能力的心理学基础就是你的内心，说到底就是你的洞察力！

可以说，我们正在进入一个“洞察力竞争”的时代，洞察力对女性来说尤为重要。要知道，女性的大脑天生善于洞察，直觉不会错，洞察力是女性内心的微光，这点微光，往往是正确和优势的体现。

还有，女性正处在一个历史的转折点上，今天女性遇到的诸多问题，比如就业问题、婚姻问题、剩女问题……不仅仅是女性自己的问题，更是社会的问题、文明发展的问题、全球性的问题。要解决这些问题，开发女性的洞察力，学会用洞察力思考，是最为直接、最为有效的一种方法与途径。

这个洞察力法宝，我总结成了7个神奇圈，即7堂神奇的洞察力课程，通过沉静和观想练习，就会有不一样的改变。

1998年，我加入了一家创意咨询企业。在菜鸟阶段就感受到了神奇的洞察力，是洞察力帮助我在这个充满压力与挑战的行业里如鱼得水、快速成长。这让我对时常出现的洞察力产生了兴趣。经过13年的研究，我发现，人们的一言一行无不源自洞察力的判断，它直接影响和决定了我们最后的结果，也决定了我们成为一个什么样的人。看看那些大企业家、奥运冠军以及大师级人物，他们如此气定神闲，在他们作出决策和行动的前一刻，就可以判断出下一秒的结果。在搞清了洞察力的内在原理后，我设计了开发、训练洞察力的方法，并把这些原理以及开发、训练的方法写入了一个神奇圈的模拟学习案例中，通过几个女性的成功案例来展示这一改变女性命运的法宝。在多年的实践和众多成功的案例检验后，如今这个法宝终于可以为天下女性所用了。

洞察力是什么？如何才能提升洞察力？洞察力会给女性带来哪些神奇的改变？我在本书中作了充分、详尽的说明。为了把这个法宝说清楚，我在书中采用轻小说的方式，用情境化模拟的案例，通过洞察力导师和几个调皮可爱的女孩来展现一系列的心理课程，尤其是女主角关莹的成功实践，让广大女孩学会“洞察力思考”的方法。之后，关莹在职场中运用这种方法，迎接各种各样的挑战，经过这种挑战，在短短一年的时间里，从一个小人物快速成长为一个金领。这既能让读者跟着一个真实的人物一起学习，能够了解学习过程中发生的变化以及遇到的问题，同时又能建立学习的信心与乐趣。

主人公关莹，一个浙江大学毕业一年的宁波女孩，被大学老师推荐去了神奇圈。“神奇圈”是由一个在上海的宁波房地产老板凯蒂开发的一个项目，她从自己成功的经历中得出一个结论：现代女性要适应巨大的社会竞争压力，就必须具备洞察力，有了洞察力，女性在这个社会中才会如鱼得水。于是她在自己投资的别墅区中开发了这个“神奇圈”

项目，专门租给那些想来上海打拼的女性，并为她们提供各种各样的培训（核心是洞察力培训），再根据培训的结果，为这些女性投资。她认为，在未来的社会里，有洞察力的女性必将成为上流社会稀缺的资源，只要能培训出优秀的女性，无论是对自己事业的帮助还是对社会的回报都是非常巨大的。

在本书的上半部分，关莹到达神奇圈的第一周，开始了洞察力训练课程。课程开始前，每个人都被要求思考一个问题：为什么人容易知道而做不到？

神奇圈第1课： 第一课没有在传统的课堂进行，而是在一个瑜伽房里，洞察力教练米尔森让每个学员回答“为什么人容易知道但做不到”，得到的答案几乎都是一个样——缺乏毅力。米尔森并没有告诉她们新的答案，而是要求大家抛开大脑中已有的答案，重新去思考这个问题。在一起上课的五个女孩中，有三个女孩没有新的答案，甚至有些怪老师为什么不告诉她们答案，而关莹以及另外一个女孩用了米尔森的方法思考到了新的答案。通过这两个女孩的思考结果，米尔森告诉大家一个我们从来不知道的事实：人有两种思维系统，一种是“反应系统”，还有一种是“洞察系统”，我们平时习惯处在反应系统中，处在这种系统中的特点就是：找答案、等答案，而不去想答案。而处在洞察系统中，我们就会主动思考，发现新的答案。米尔森还让关莹了解真正的“我”，不是我，而是“我们”，人就好比一艘复杂的潜艇，不是只有一个“我”就能够运行的，而是需要“我们”这个团队一起运行的，这个“我们”团队就是显意识与潜意识的综合体。

神奇圈第2课： 关莹知道了人的反应系统运作的原理，发现人在成长的过程中真正掌控自己的，不是自己的显意识，也不是潜意识，而是潜意识的反应器。而且在反应系统中所谓的学习其实是模仿。

神奇圈第3课： 为了上这堂课，“神奇圈”安排大家去看了3D版电影阿凡达。在课上，米尔森介绍了世界的模型：我们的世界与3D电影很像，真正的世界分为现象世界与本质世界两部分，现象世界就好比屏幕，本质世界就好比放映机，决定屏幕上演什么内容的都是放映机。所不同的是，在现实世界里，现象世界也能影响本质世界。它们是相互影响的，作为洞察者就是要透过现象世界看本质世界。

神奇圈第4课：米尔森讲解了洞察系统的模型，全面讲解了洞察的原理。原来，当人的显意识突破潜意识的反应器与潜意识连接的时候，人就进入了洞察系统。在听课的女孩中有人担心一旦拥有了洞察力会变得太优秀而找不到男朋友，米尔森的分析让她们打消了顾虑。

神奇圈第5课：“神奇圈”要给关莹介绍工作，可是关莹听了米尔森的课后信心倍增，心想学会了米尔森的方法干什么都可以，于是决定课程结束后自己去找工作，“神奇圈”的艾米非常支持关莹。通过这堂课，关莹学会了进入洞察系统的方法。关莹学得很快，这得益于她以前学习书法的经历。

神奇圈第6课：关莹学到了进入洞察系统以后，如何运用显意识的各种思考技术与方法。这堂课后关莹有种获得新生的感觉。

神奇圈第7课：米尔森给大家讲了如何在职场中运用洞察力，主要表现在做人、做事两个方面。课程结束了，由于关莹在培训期间表现优异，得到了“神奇圈”的认可，成为了正式学员。“神奇圈”的形象塑造中心为关莹进行从内到外的重新塑造，增强了她内在的信心，此时，关莹觉得自己是一个内心非常强大的人。

在本书的下半部分，关莹被著名的T&T广告公司录用，成了一名AE助理。

但是她的运气不好，被分到一个问题团队，她受到了上司格蕾丝的刁难。开始的时候，关莹差点没有承受住，但是通过与米尔森的沟通，关莹意识到，只有在刁难、挑战的环境下进入洞察系统，才是真正有质量的；若只在风平浪静的环境下进入洞察系统，一有事情就又跳回反应系统是没有用的。于是关莹强化了进入洞察系统的训练，她进入洞察系统的能力得到了大大的提高，并经受住了上司的刁难。由于格蕾丝的行为引起了大家公愤，项目经理Alina及时制止了她的刁难行为，关莹的态度也得到了大家的认可。

第一次考验过后，新的考验马上又来了。

关莹的项目组承接了杭州健益啤酒公司的比稿任务，公司组织大规模的浙江市场调查活动。Alina原想带关莹去杭州，结果格蕾丝死活不干，她也要去，Alina拗不过她，结果，关莹只能留下来承担信息收集的工作。

米尔森教给关莹的工作方法帮了她大忙，她很快收集好了资料，并对收集的资料进行了洞察力思考。神奇的洞察力在关莹的脑海里描绘出一幅中国市场的竞争格局图。然而，光有幻想是不够的，关莹阅读越深入，失望也越多，她发现健益啤酒公司几乎就是一盘死棋，根本就没有出路。

公司在浙江的市场调查带回来了同样的结果，这样的项目几乎是无望的。开项目讨论会的时候，老板愁得都不愿意进会议室，一个人在办公室里看关莹收集的资料。

而关莹在会议中从一份健益啤酒公司访谈介绍中得到灵感，洞察力告诉关莹一个绝佳的创意。但由于关莹的职位太低，一直没有机会说出来。

直到比稿提案快结束时，客户说这次比稿都没有听到满意的方案，关莹的公司又是最后一个提报公司。无奈，客户希望把其他思考过但没有交流的方案也拿出来聊聊，也许能得到一些启发。当轮到关莹发言的时候，她没有顾忌，勇敢地讲出了自己的创意。

果然，这个创意震惊了所有的人，特别是引起了健益公司的大老板——隐形富豪杜健益的注意，他决定要给关莹的创意投资。

关莹的想法是，健益啤酒公司走啤酒的路是没有出路的，但是，用啤酒设备做啤饮料，进入饮料市场，却有很大的市场空间，啤酒公司把它当饮料公司，饮料公司则把它当啤酒公司。

健益啤酒公司提出与T&T公司合作，服务费超出T&T老板的想象，附加条件是，项目必须要由关莹负责。结果关莹在试用期结束前，被公司提升为策划总监，全面负责健益啤酒公司的项目。而健益啤酒公司直接任命关莹为公司的总经理，让她全权负责这个项目的推进。

一步登天，从一个助理直接做到总经理，比坐火箭还快。在诱惑面前，关莹感受更多的是压力，她想退缩，因为她根本就没有任何经验和基础，她不知道大老板为什么这样提拔她。但是米尔森的支持与鼓励让她明白这是一个锻炼洞察力的好机会，于是她勇敢地接受了挑战。

在洞察思维的指导下，关莹的项目进展得非常顺利。只用了半年时间，她完成了所有的准备工作，全新的啤饮料“isiwater”成功在杭州上市。

市场成功打开，很多经销商、代理商都来向健益公司要货，形势十分喜人。可是关莹却莫名地感到了一种巨大的恐惧，让她更为恐惧的是，她居然不知道问题出在哪里。

于是，关莹一个人飞到了海南岛。在沙滩上，她独自沉静地进入洞察系统，打开了所有想法后，她终于找到了问题所在。

回到杭州，关莹马上调整项目推进的速度，稳步推进。

果然，关莹的及时调整让健益公司逃过了因为需求突增可能引起的系统崩溃问题，“isiwater”的市场在一年内稳步发展，没有断流，也没有因发展过大而导致负面影响。杜健益看到关莹这一年的成长，决定要留住这样的人才，决定给关莹20%的股份——关莹成了健益啤酒公司的股东之一。

“神奇圈”也看到了关莹事业上的成功和心灵上的飞跃，关莹和米尔森进行了一次交谈后，被吸收为正式的会员。在那里，关莹得到了神奇圈老板凯蒂的倾心指导，她跨入了一个全新的世界。

【主要人物】：关莹、丽莎（Lisa）、艾米、朱迪(Judy)、安妮(Anny)、菲拉（Fela）、萨丽雅(Shalia)、米尔森、凯蒂、杜健益、杜佳锐、艾琳娜（Alina）

Part 01

女性洞察力就是超强

给外婆的“百万美金”

“喵喵……”

就在关莹专心地给外婆画美元头像的时候，她的手机“喵喵”地叫了起来。

关莹，小名虫虫，因为出生的时候有9斤重，比一般的婴儿大了好几圈，躺那儿就像一条肥肥的肉虫虫一样，于是老妈就叫她“虫虫”。

没想到，她还真有虫虫的特点，胖嘟嘟的，一身的肉肉。圆圆的小脸，整天笑嘻嘻的，做事也像虫虫蠕动般慢腾腾的。唯一与虫虫不一样的是，这丫头的话特别多，每天回家跟在她妈屁股后面，能把一天发生的事从头到尾讲一遍，包括什么时候没忍住放了一个屁屁什么的……

关莹喜欢小猫小狗之类的小动物，所以总把手机铃声设置成小猫叫、小狗叫。这会儿关莹正全神贯注地画着美元头像，专注到没有听见“小猫”的叫声，“小猫”叫了一会儿就不叫了。

外婆的69岁生日下个星期就到了，浙江人生日“做九不做十”，

69岁就是等于70岁大寿。给外婆送什么生日礼物着实让关莹费了一番心思。外婆和所有的慈爱老太太一样，节俭、舍不得吃舍不得用，给她送好点的礼物反而让她心疼，给她钱她又不收。关莹问过老妈，老妈也在为给老人送什么礼物伤脑筋呢。

想了几天，关莹突然灵机一动，对了，给外婆画一张美元，美元的头像就用外婆的，面值100万。

关莹从来没有学过画画，她并不爱画画，对关莹漫长的学习生涯来说，画画是用来打发时间的事情。你可千万不要以为关莹的学习不好，她从小学习成绩就一直很好，一路保送，小学毕业保送到重点初中，初中毕业保送到重点高中，高中毕业保送到浙江大学，从来没有尝过类似高考挤“独木桥”那种滋味。她上课从来不怎么用心听，回家也不怎么做作业，可是就这样吊儿郎当、懒懒散散的丫头，考试却总是名列前茅，把那些课上课下都用功的同学羡慕得要死。而且她的书法、唱歌、主持学校活动，样样出色，结果她是理所当然的班长、学生会干部人选。关莹不需要太费心思上课，就能把课堂上老师讲的内容听得明明白白，理解得清清楚楚。一句话，她是一个领悟力很强的女孩。

这天是周六，关莹难得起了个大早，她收拾完毕，穿着一身休闲装出门了。先到楼下的新风小吃来了碗“片儿川”（杭州一种面条），照例喝光汤，吃完笋片、肉片就饱了。用关莹的话来说，她有两个胃，一个是吃饭的，一个是吃零食的，吃饭的胃很小，吃零食的胃很大。留下了完整的一碗面条，打着饱嗝到隔壁的“知味观”买了一包糟鸡爪。出了里东山弄，穿过地下通道，进了对面“曲院风荷”。

关莹在大四的时候曾经总结过，杭州有三个西湖，一个是游人的西湖，一个是杭州人的西湖，还有一个是孵西湖①的人的西湖。游人的西

①：孵西湖，就是长时间待在西湖边，与西湖融为一体，慢慢享受、消磨时光。

湖，是走马观花的西湖，是热热闹闹、乱哄哄的西湖；杭州人的西湖是熟视无睹的西湖，是左手摸右手的西湖；孵西湖的人的西湖才是真正的西湖，是让人静静孵着的西湖。静静地孵着，心灵会有一种特殊交流与感受。关莹自诩是一个孵西湖的人，早在学生时代，她就钻遍了西湖的每一个角落，吃遍了西湖边上每一家有特色的小饭店，喝遍了西湖角落里的每一个茶室。毕业进了广告公司，每次遇到要思考的时候，她总是找一处地方，静静地思考。给外婆画百万美元，当然要到西湖边上找一处好地方了。

进了“曲院风荷”，弯弯绕绕半天，跨过一个圆门洞，来到经常来的一处地方，一处本地人也很少知道的地方。

这是一处非常安静的外湖，浓郁、茂密、层层叠叠如油画般的植物把这里与西湖隔开了，湖中有散落着的荷花，一座两层高的亭子伸入湖中。关莹曾经问过公司的设计总监，为什么这里的红色与绿色搭配得这么好看，一点没有俗气的感觉。通常这两种颜色相配很容易产生俗气的感觉，而这里却恰到好处，设计总监说那是色彩比例恰当的关系。

关莹把这个地方介绍给了公司老板，于是老板经常请外地客户来这里吃饭，席间关莹再给客人讲讲西湖的典故，在这里吃过饭的客户差不多都成了公司的老主顾。后来干脆把外地客户的提案也放在这里，一层做提案，提案结束后就到二层吃饭，这成了公司的一种作业模式。为此老板没少夸关莹，比他这个杭州本地人还了解西湖。

亭子门外一条临湖过道上有两张石桌、几把藤椅。这是关莹的专座，关莹坐了下来，又找到了那种感觉，好像大脑的发动机又开动了。关莹打算在这里用一天时间给外婆画张百万美元。

关莹很认真地画着，不知过了多久，那猫叫声又响了起来，“喵喵……喵喵……”透着几分可怜的感觉。这次关莹听到了，用关莹的话来说，在西湖有两件事最煞风景，一是大声讲话，二是打手机，如果不是公司规定不许关机，关莹早就把手机关了。关莹取出手机，看了一眼屏幕，原来是大学何老师的号码。她赶紧按下了接听键：“喂，何老师你好呀！”

何老师比关莹大不了几岁，是个留校老师，专门负责团委的工作，关莹在大学的时候就是何老师的得力干将。关莹聪明伶俐又没心机，唱歌、书法、绘画、活动主持样样都拿得起，绝对是团委工作的主力军，很受何老师的喜欢。喜欢了自然也就在方方面面很是照顾关莹，就像照顾小妹妹一样。关莹也很喜欢这个像姐姐一样的老师，要不是后来去北京实习耽误了留校机会，弄不好一年前她也留校与何老师做同事了。

“虫虫，你在做啥呢？打了你一天电话也不接，短信也不回，是不是有男朋友了？把老师都忘了。”何老师在电话假装抱怨地说道。

与何老师唧唧喳喳了一番，说到了正题上。

何老师问：“虫虫，你想去上海工作吗？”

“去上海工作？当然想啦，不过去上海找工作、租房子之类的会挺麻烦的吧？而且也不一定能找到好公司。”

“要是住房、工作都有着落，你愿意去是吧？”何老师在电话里问。

“那当然啦。”关莹马上回应道。

“现在有这样一个机会……不过电话里讲不清，你现在到学校来一趟吧，我在学校等你。”何老师在电话里说。

关莹突然想到什么说：“何老师，晚上有空吗？不如你出来吧，晚上学生请老师吃饭。”

“不用啦，还用你破费？”何老师知道关莹工作才一年，收入也不高。

见何老师不愿意来，关莹赶紧说：“来吧，一会儿我们在西湖天地见吧，那里新开了一家餐厅，让我们公司给它做宣传，公司又让我负责写宣传稿件，要我去体验体验，我就借花献佛请老师陪我一起去，也好给我些建议。来吧！对面还有停车场，停车也方便。”

“这样不好吧？”何老师在电话里有点犹豫地说。

见何老师犹豫，关莹马上给了让老师来的理由：“没事的，按理说，你把你的消费体验告诉我，公司还得付费给您呢？不给你钱，我已经占你便宜了，来吧！”

“那好吧。”何老师答应了。

与何老师约好了见面的时间和地点，关莹动身前往西湖天地。

天生直觉力的吸引

那家新开的餐厅就在西湖边上，临水而建，名叫“绿雨”。和最近杭州新开的所有餐厅一样，你很难说出它是什么风格，但是就让你觉得很时尚、很慵懒、很惬意，这也许就是“杭州风格”吧。

夕阳下，整个西湖都泛着那种慵懒的金黄色。餐厅里的灯也是那种暗暗的墨绿色，坐在餐厅临水的落地玻璃窗旁，里面、外面融为了一体。8月份的天已经很热了，坐在里面，空调开得很足，一点暑意都没有。何老师环顾四周，对关莹说：“杭州又多了一处孵西湖的好去处。”

“就是啊。”关莹随手拿出手机打电话。

“尹老板，您好！我是广告公司的关莹，我到绿雨餐厅了……”

不一会儿，一个油头粉面、长得像个小地主一样的小胖子从后面走了过来：“虫虫，你来啦。”

何老师见了，看了关莹一眼，心中在笑，心想：一个是圆滚滚的小胖子，一个是肉鼓鼓的虫虫，蛮般配的一对。

过来的正是餐厅的尹老板。他对服务生说：“你进去，跟主厨说上菜吧。”

尹老板有句名言：富过三代才知道穿衣吃饭。尹老板祖上是杭州名流世家，对于吃很有些家学渊源。从尹老板的体形就能看出他也爱吃，而且他又肯花心思，加上得到了杭州城里隐形大亨杜健益的投资，于是他在杭州城里开了各种层次、各种主题的餐厅，成了杭州城里最有名的餐饮老板。绿雨餐厅就是他用餐饮让人来体验西湖的一个餐厅。

关莹与何老师一起开始了工作……

尹老板把已经准备好的菜一道道送了上来，先由关莹一一拍照，然后一边听尹老板的介绍，一边品尝。关莹不时在小本子上记些什么，还问问何老师的感受。尝完一道又上一道，关莹一边记一边发现，这个小胖子真是不简单，每道菜都有他的想法，而且都与体验西湖相关，不光好吃，还很贴切，没有对西湖和餐饮很到位的理解是做不出来的。关莹听得津津有味，更是吃得津津有味，两个小时很快就过去了……

“尹老板，后天所有的文章我都会写出来，先发给您看，您如果觉得可以的话，下周就能发布。”

“好的，好的，虫虫你们辛苦啦，再尝尝我们这里的咖啡，休息一会儿，看看外面的夜景，这也是我们餐厅的一绝啊！”尹老板殷勤备至。

“好啊，谢谢尹老板。”关莹谢过，尹老板看着服务生很快上了两杯咖啡、两份很漂亮的冰激凌，然后离去。

“何老师，您下午电话里要和我说什么啊？”

“莹莹，你是宁波人吧？”

“是啊，正宗宁波小娘鬼（ju）。”

“宁波人全都蛮有本事的啊……”何老师一边说一边拿出一份DM（设计管理流程）。

“嘻嘻，老师是不是在夸奖学生啊！”

原来，有个在上海做房地产做得很大的宁波女老板，最近在上海搞了一个专门针对80后浙江女性的房地产项目，有个蛮好听的名字——“神奇圈”。专门租给已经在上海或者想去上海的浙江籍女性，月租只要300元一个月，而且提供专门的职业培训以及职业介绍。这样的好事当然也不是谁都可以的，要求是入住者必须是浙江籍的名牌大学女毕业生。浙江以及上海几所名牌大学中都有这个项目的推荐人，何老师就是她们的推荐人。一年前，何老师没有给关莹办好留校的事，一直有歉疚之心，所以有了这个“神奇圈”项目，第一时间就想起了她。

“虫虫，你要是想去，别忘了带上这个。”何老师递过来一个信封。

“这是什么？”关莹问道。

“是推荐信，她们要有推荐信才会接待你的。”

关莹接过装有推荐信的信封，何老师把DM单一同递给了关莹：“这上面有地址、路线图以及联系方式。”

关莹低头看了一眼，“神奇圈——女性未来生活圈”，一个挺吸引人的标题。

关莹停在标题上，好像被吸引住了，她有种直觉，是本能地喜欢，也许这就是她一直想要的。

“明天就可以去上海一趟看看，体验一下。”关莹感谢了何老师一番。

女性未来生活圈

上了动车，坐到靠窗的座位，关莹翻开面前的小桌板，先从包里拿出泡好的蜂蜜杭白菊，又拿出昨天还没有给外婆画完的百万美元，去上海一个多小时的路程正好可以接着画。

车一开动，她才意识到踏上了去上海的旅程。关莹的直觉告诉她，这可能是她新的、传奇般人生的开始。

看着那张还没有画完的百万美元，关莹却没了接着画的动力。她呆呆地望着窗外一幢幢带有伊斯兰风格的尖顶农舍往后掠过。关莹一直没有搞懂，为什么杭州这一带农民们造的房子顶上都有一个像伊斯兰风格的尖顶。

其实，如果一切顺利，以关莹这种随遇而安的个性，她是不想离开杭州的，她才毕业一年，虽然进了一家不是太大的广告公司，但是以她随和的个性和多才多艺的能力，也混得顺风顺水，老板、客户都喜欢她，差不多就把她当成了主力。工资虽然还是一个新人的工资，可老板却给了她很多主管才有的待遇，比如上下班可以打的，需要思考的时候可以出去自己找地方，花销也可以报销，其他的新同事常常看得心里痒痒的。

关莹之所以想去上海，是因为最近遇到了她这辈子最大的挫折。所有人都不知道，她藏得很深，伤得也很深——关莹失恋了。准确地说也不能算失恋，因为她就没有真正恋爱过。

和所有的女性一样，关莹也爱幻想，她一直幻想自己的白马王子是文雅、帅气的大学老师。在高中的时候，她恋上了写得一手漂亮瘦金体的帅哥物理老师，那个时候年纪还小，加上学习压力大，想想也就很满足了。到了大学又不可救药地暗恋上了教数学的年轻老师，非常迷恋他的课。既然是暗恋，就是她恋着别人，并把这份心思保留到毕业后，一直没向对方表白。可是，这份美好被打破了，就在两个月前，她得知那位数学老师结婚了。从那以后，关莹就有了离开杭州的想法。

动车开得很快，关莹仅仅迷茫了一会儿就到了上海地界。上海的地界与杭州不同，两旁几乎看不到农舍，都是厂房，偶尔有几栋居民楼。之前关莹来过上海很多次，有段时间公司有几个上海客户，关莹差不多每个星期都要来一次。每次结束工作，同事们都要在上海留一晚，外滩、人民广场、豫园、新天地、淮海路、进贤路、南京路、田子坊、老场坊1933……总之有得逛。上海对关莹来说并不是一个陌生的地方，从某种方面来说，关莹更喜欢上海的节奏和氛围，这里国际化的氛围也许有她职业上的新追求。

到了上海南站，关莹拿出昨晚何老师给的那张DM单，看了看路线指示。上面写得很清楚，“神奇圈”有两个接待点：一个在静安寺，只要从南站坐地铁1号线，再换地铁2号线就到了；另一个就是“神奇圈”的所在地——佘山，只要从南站坐地铁1号线，再换地铁9号线就到了。关莹想了想，决定直接去“神奇圈”所在地佘山。

出了佘山站，只见门口竖着一块“易拉宝”，上面写着：欢迎前往“神奇圈”。想不到还有人来接站，一个男孩看过关莹的推荐信后，直接把她带到路旁一辆银灰色的别克商务车里，服务非常周到。关莹还有点怀疑，这个“神奇圈”是什么地方，怎么像接待VIP一样，有没有搞错？

车向左转弯过了一个路口，司机踩了一脚油门，车子加速向前开了一小会儿就减速了。关莹往车窗外望了一眼，只见绿荫道两边是有品位的建筑，关莹做过房地产的广告，也看过不少的楼盘，知道这里不是别墅也是高级住宅区，怎么可能有300元一个月的房子？不会搞错了吧？关莹更加怀疑了。不过转念一想，既来之，则看之，大不了当做是踩盘好了，学一招以后自己也可以用的。

车子绕过一个大花坛，这种花坛往往是做影壁墙来用的，绕过之后才是真面目。果然，绕过花坛之后，面前出现一片湖，这湖的风格很有点西湖的特点。西湖有什么特点呢？中国有很多湖，叫西湖的也有很多，不过这些湖往往都是光秃秃的，要么就只有一些稀稀拉拉的树，或者只有零零散散的建筑。杭州西湖的特点就是密密麻麻的“被人工”，西湖到处都是绿树花草，到处都有亭台楼阁、名人别居和坟茔，到处都是人工所栽，到处都是人工所造，却又显不出人工痕迹，简直是人工与自然融为一体了。

这个湖与杭州西湖不同的是，在湖中，靠岸边的地方耸立了一座圆形的粉红色玻璃幕墙建筑，足有十层楼那么高，很是壮观。

没等关莹细细品味，车已停下，司机很客气地对关莹讲：“小姐，到了，接待站在里面。”

“谢谢！”关莹道了声谢，下了车，原来是一处湖边会所。

这个时候会所应该是不营业的，可门口已经站了一位服务生，笑容可掬地问关莹："小姐，是来神奇圈的吗？"得到肯定回答后为关莹拉开了门。

靠门的一张桌子旁，坐着两位女性，一个看上去年龄稍大，一个显得稍小。年轻的那位一见关莹进来，忙起身微笑着问候："您好，您是来神奇圈的吧？"

关莹点了点头，她把关莹引到靠湖边的一个座位，是那种能把人陷进去的沙发，正是关莹喜欢的那种。

关莹刚刚坐下，那个年纪稍大的女性就走了过来。一脸笑意地说道："您怎么称呼？我的英文名叫Lisa，她叫艾米。"

关莹突然觉得有点不大自然，在杭州也有几个同事给自己起了英文名，可是很少会用，所以关莹也就没有给自己起英文名，这会儿一下子有种感觉，觉得没有英文名好像很老土。

"我，我姓关，可以叫我关莹，或者莹莹。"关莹有点底气不足。

"您好，莹莹。欢迎你的到来！"Lisa好像感觉到了关莹的不安，马上进入了话题，"可以看看你的推荐信吗？"

关莹从包里拿出了何老师的推荐信。

"莹莹是浙大推荐的，很厉害呀！"Lisa带着敬仰的语气，使关莹恢复了自信。

Lisa认真地看完了何老师写的推荐信，给了关莹一份表格："莹莹，你把这份表格填一下吧。不用着急，慢慢填，填完交给艾米就好了。"

Lisa 离开前说："这里的咖啡不错，你尝尝，免费的。"

服务生端上一托盘，关莹也是一个常泡咖啡馆的人，一闻那香味就知道是杯蓝山咖啡。"哇……蓝山！"她情不自禁地说道。心想，用蓝山咖啡招待人，这也太奢侈了吧，这到底是个什么地方呀？关莹心中的好奇又加重了。

刚要离开的Lisa听关莹闻出是蓝山咖啡，欣喜地说："看来你也是常喝咖啡的呀。"关莹不好意思地笑了笑。

关莹很快就填完了表格交给艾米。不一会儿，又三三两两地来了几个女孩。大概10点的光景，门口来了一辆大巴，从车上下来了大概有三四十个女性，艾米在门口确认过所有女孩的推荐信以后，把她们都领进了会所。也许是大家都不太熟悉的缘故，一群女性倒也不太吵闹。关莹看着有几个女性有点面熟，好像是上一届的师姐。

艾米忙着给来的人发关莹刚才填过的那种表格。关莹看艾米有点忙不过来，忙过去从她手里要了一半的表格和笔，替她分发。

关莹回到座位上以后，就听见Lisa的声音响了起来。

“大家上午好！欢迎来参加‘神奇圈’推介会。这将是一次神奇的自我认知和进化之旅，它神奇在哪儿，需要靠各位来体验。我首先给大家介绍一下推介会的日程。完后大家私底下相互认识一下。”她身后的屏幕上，投影出一张时间表：

11：00～12：00　神奇圈介绍

12：00～13：00　午餐时间

13：00～15：00　神奇圈体验

15：00～15：30　申请受理

15：30　结束，自由交流

Part 02 不靠谱年代，拼什么

不靠谱年代这么难

“叮铃……”艾米敲了一下招呼铃，推介会要开始了。

全场都静了下来，艾米宣布：“大家上午好！再次欢迎大家来到‘神奇圈’，‘神奇圈’推荐会现在开始！下面有请‘神奇圈’的项目经理Lisa小姐给大家作介绍。”

Lisa站到了投影屏幕前，扫视了全场一圈，亮出了清脆动听的嗓音：“大家好，我是Lisa，很高兴由我来给大家介绍‘神奇圈’。

“大家对这一带也许不太熟悉，这里是上海少数几块顶尖的别墅区之一。我们集团在这里开发了不少项目。我在这里已经工作了5年，曾经给客户推荐过不少项目。但是，在众多的项目中，最能让我心动的是‘神奇圈’。严格来说，它不是一个房地产项目，而是一种思想的实践和分享的平台。”

是啊，“神奇圈”究竟是个什么项目？关莹在心里想，她在杭州也做过房地产项目的广告，对房地产比较熟悉。在这么一片高档别墅区中打造了一个全新的概念要做什么呢？要卖房子吗？她们这个年纪的人群显然是买不起的，要租吗？DM写着只要300元/月，这显然连成本都不够的，这究竟是个什么样的项目呢？Lisa的话引起了关莹的好奇。

Lisa背后的屏幕上，投出一幅PPT画面：

> **“神奇圈”——女性未来生活探索圈**
> **源自一个企业家的思考：**
>
> 在现代社会中
> 女性为什么就业难？
> 努力工作的女性为什么更容易成为剩女？
> 婚姻对女性来说并不像想象中的那样保险！

Lisa说道：“思考这些问题的，是我们集团的创始人——凯蒂女士。”

关莹听着Lisa的话，觉得有点新鲜，上面提到的这些问题确实是女性最关注的。这个老板倒是有点意思，一个房地产商关注女性的生存问题。

显然这三个问题引起了在座女性们的共鸣，有些人开始议论起来。

Lisa并没有打断大家的议论，而是与女性们进行了一些互动。

关莹觉得Lisa的提案很高明。提案一开头点出三个问题，引起听众的反响后，并不急于展开，而是与听众进行互动。互动的结果是，会场的气氛很快被调动了起来，显得非常融洽，有了这样融洽的气氛，就为后面的提案打下了很好的基础。关莹觉得自己又学了一招，至少到现在为止，自己是很有收获的。

互动得差不多时，Lisa及时地提出了问题：“现代的女性为什么会遇到这一系列问题？” Lisa停顿了一下，眼睛向人群中扫了一圈，似乎想征询大家的意见。

关莹想，这个问题可不好回答。

Lisa见没人回答，按了一下电脑， 投影幕布上又换了一页。

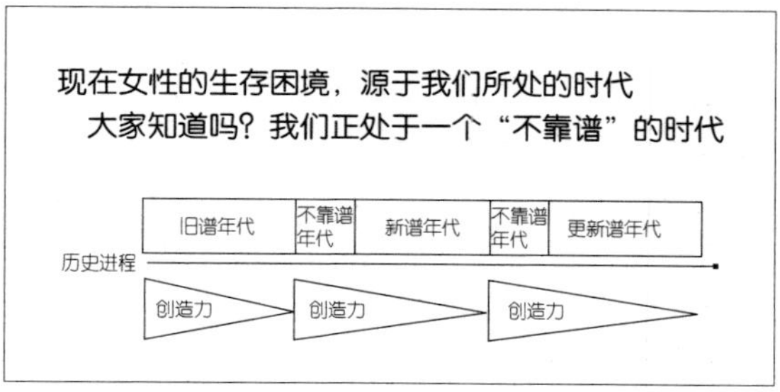

Lisa继续说道：“在回答这一系列的问题之前，我们先从一个历史进程的角度来看。

“我们会发现，人类的每个历史阶段都会有一本‘谱’。

“这个‘谱’是什么呢？它就是——每个人生存在这个世界中的社会价值、社会阶层、社会地位、社会角色以及如何在这个世界中生存的准则、方法、规矩。

“在以前的传统社会中，一个人还没有出生之前，他的一生就已经确定了。每个人都有自己的社会价值、社会阶层、社会地位、社会角色，每个人也都有家传的营生与手艺，所有的一切都按照已有的规矩来办。”

Lisa也许想了解一下大家是否听懂了，稍微停顿了一下，看到大家反馈不是太踊跃，知道不是所有人都听懂了。于是，举了例子，说孔孟之道就是中国人在那个历史阶段的“谱”。

见大家理解了，Lisa 指着那张图说道：“每一本‘谱’的产生、发展都有它的过程。在它产生的初期，旧谱开始消亡，新谱开始产生，新谱都充满了创造力，随着这新谱的发展、完善，最终新谱替代了旧谱。

“新谱一旦确立它的历史地位以后，它的创造力也开始衰减，直至消失。这个时候下一个新的历史时期到来了，又会有一种更具有创造力的新谱出现。

“新谱与旧谱的更替，存在着一个重叠、交替的过程，在这个重叠、交替过程中，旧谱逐步消亡、新谱逐步完善，这个过程，我们集团董事长——凯蒂称之为‘不靠谱’的阶段。

“生活在‘不靠谱’阶段的人们会比较矛盾。为什么会这样？”

关莹觉得自己的思路被Lisa提报中的那些“为什么”牵引着走。

Lisa 继续分析：“这是因为，生活在新谱、旧谱交替过程中的人们，同时面对着两本‘谱’，一本新谱、一本旧谱。旧谱虽然在没落，但是它在人们观念中的习惯势力依然很强大，而新谱虽然充满创造力，但还在成长中。处在这种时代中的人们就会非常矛盾，这就好比一个人在弹钢琴，面前出现一新一旧两个老师，每人各拿着一本乐谱，旧老师要让他按照旧谱弹，新老师要让他按照新谱弹。估计再好的学生遇到这种情况都会犯晕，但是我们今天非常幸运地就生活在了这么一个不靠谱的时代中。

“造成现代女性的就业问题、剩女问题、婚姻问题的根本原因，就是因为我们处在‘不靠谱’时代！”

现代女孩的三个困境

看着大家被吸引但又有些疑惑的眼神，Lisa继续分析道：“就拿女性就业问题来说，新谱告诉我们每一个人——男女是平等的。可是在现实生活中，不管是招聘单位还是应聘的女性都存在着旧谱——男主外、女主内的观念。

“女性是要结婚的，结了婚是要生孩子的，生了孩子就是要负责照顾孩子的，还要照顾家庭，这几乎成为一种社会共识。所以，任何一个有点经济头脑的企业都会算一笔账，用个女员工如果生孩子，就要给产假，产假期间公司还要付工资，有了孩子的女性在工作上的精力也不会像男员工那样多。所以只要算上这笔账，即使是我们在座的任何一位去做人事经理，也会多招聘男员工，少招聘女员工的。”

关莹想，这倒是事实，就是让自己去当招聘方，也要算算经济账的。她接触过一家工作强度让所有为它服务的广告公司都头晕的房地产公司，它的员工几乎都是眼睛红红、哈欠连天地在工作。他们老板号称，要把这种超负荷状态当做是企业的常态，在工作中要把女人当男人用，把男人当牲口用。即使是变态的公司，也只能把女人当男人用，而不能把人当牲口用。女人被压榨了许多时间，终究还是不如男人实惠，因为女人总是要把一部分精力放在家庭、孩子身上。

Lisa接着说：“再拿剩女问题来看，在旧谱中，男主外、女主内，家庭是由男女合作，分工负责、共同经营的。用更为科学的分析来看，旧谱家庭中男的创造财富，女的经营家庭。男女的分工不同、职能不同，所以他们接受的教育、技能也是不同的，旧谱中男性学习的都是先生教的，当然课本是由孔子等男性编的。而女性学习的都是妈妈、婆婆教的，没有课本，主要通过妈妈、婆婆言传身教。这样教育出来的男女，自然就会懂得如何合作经营一个家庭。

“但是在新谱年代，女性从小接受的是男女平等式的教育，从托儿所、幼儿园开始，到小学、初中、高中、大学，男性、女性接受的都是一样的教育。毕业了又要面对同样的工作、同样的挑战、同样的发展，获得同样的成就。是不是这样？”Lisa又停顿了一下，这一下比较长，这是在给大家充分的理解时间。

沉静了一会儿，Lisa又继续提出问题：“大家有没有想过，这会给女性造成什么样的后果？

“如果我们把男性的身体和女性的身体看做是一种像电脑一样的硬件，而我们的学习过程是一个给硬件安装软件的过程，工作就是运行软件、建立数据库的过程。那么大家是不是发现，在这种男女平等式的教育与工作环境下，男性、女性除了身体的硬件不同外，他们内在的软件以及软件运行的数据是完全一样的。”

关莹的心中猛然发出“对啊”的同感。

Lisa很快地接着说道：“大家有没有想过，男性、女性之间这种内在软件高度相同会带来什么问题？这样，男女之间只存在着肉体的相互吸引，内在因素趋同了，也就没有了吸引力。这会带来什么样的后果呢？

“男女之间很容易因为肉体上的相互吸引而发生性行为，却很难因为内心的相互吸引而相爱。剩女为什么会剩下呢？从某种角度来看，就是因为缺乏这种内在的吸引力。我们会发现，女性工作时间越长，工作越有成就，越是容易变成剩女。”

关莹突然有种坏坏的念头，她想问Lisa，她是不是剩女，看到Lisa 的眼光扫了过来，赶紧低下了头，装做在记录的样子。

Lisa 见大家被她的讲话所吸引，继续说道：“这是产生剩女现象的一个方面，另一个方面，因为这种男女平等式的教育与工作环境，让女性拥有了在旧谱中男性创造财富的技能，女性拥有了创造财富的能力。

“她们可以在企业中取得高职位、拥有高薪与股权，自己拥有房产、汽车，穿名牌，高消费，拥有高层次的社交圈，这些以往女性需要婚姻才能获得的物质条件，今天已经不需要男人就能自己获得。当女人学会创造财富的时候，她已经不需要男人来为她们创造财富，她们更不需要去经营男人的财富。所以从利益的角度来看，新谱的男女平等，让那些事业成功的女性失去了对家庭、男人的需求， 她们中有些‘花花丫头’就像有些花花公子一样，漂亮男朋友三天两头换，就像换衣服一样。当需要孩子的时候，完全可以做一个未婚单身妈妈。这样的女孩根本就不能称之为剩女，她们一点问题都没有，有问题的是新谱与旧谱的矛盾。

“客观地讲，真正成为问题的剩女，是那些内在已经被同化、事业上没有取得成功，也缺乏在事业上去取得成功的愿望与动力、能力，但又受到旧谱观念约束，并且缺乏经营家庭能力的女性，她们才是不靠谱时代真正的牺牲品。”

关莹的思路跟着Lisa提报在想，这样看来，作为女性要么拥有创造财富的能力，要么拥有经营家庭的能力。

关莹正想着，只听Lisa继续说道：“我们再来看婚姻问题。

“婚姻与家庭这两个概念，在新谱与旧谱中有着截然不同的内涵。但是女性对此的认识是含糊的，很多女性都沉浸在对婚姻、家庭的童话式幻想中。

“在旧谱中，婚姻是什么？婚姻是连接两个家族利益的纽带，是两个家族利益的重组，这种婚姻关系的缔结，不是婚姻男女双方的事，而是男女双方家族的团队决策的结果，所以当时讲究‘门当户对’。这种形式决定了由这种婚姻建立起来的家庭关系是十分牢固的。如果女方没有犯下特别严重的错误，一般是不允许男方休妻的。换言之，传统的家庭是很牢固的。

“但是在新谱中，婚姻与家庭完全是另外一个概念。新谱中婚姻的基础是双方的爱情。请注意：我这里说的是双方，是能决定自己命运和婚姻自主的双方，只要在这两者之间有了爱情，就可以缔结婚姻关系，建立家庭。而且缔结婚姻关系与双方的家族没有关系。这种婚姻关系就决定了新谱时代的家庭是个不牢靠的产物，只要双方有了爱情就可以去登记结婚，如果没有了爱情就可以离婚。打个形象的比方，新谱时代的家庭就是个爱情灯泡，两个人来电了世界一片光明就是个家，没电了世界一片黑暗就散伙，再去找来电的新家。这种自由就是受到法律保护的现代文明的婚姻自由。

“不知道大家注意到了没有，在我们这个文明时代，对于婚姻，我们的法律与道德其实是处在两个截然不同的时代。法律保护的是新谱时代的婚姻自由，道德维护的是旧谱的家庭责任。比如一个女人爱上了一个有妇之夫，而那个有妇之夫也爱上了这个女人，只要这个有妇之夫愿意，他就可以和妻子离婚与这个女人结婚，法律赋予这个男人离婚自由的权利，也赋予了他再和那个女人结婚的权利，那个女人根本不会背负破坏别人家庭的罪责。但是，社会道德就不是这么看的，我们首先会谴责这个有妇之夫是个负心汉、薄情郎，还会谴责那个女人是第三者，是“狐狸精”勾引人家老公，如果那个妻子找到那个女人痛扁一顿，旁观者估计也是支持那个妻子的。

“不管道德如何看待这个问题，最终我们的生活是依靠法律来保障的，道德在你真正遇到婚姻挫折的时候，除了能给你带来些许的心理安慰外，是没法帮助你找回曾经的爱情和曾经温馨的家庭的。”

关莹心想，分析得很对，为什么现在离婚率这么高？不就是这个原因吗？好多人只谈恋爱不结婚，不就是嫌结婚、离婚太麻烦吗？

屏幕上出现新题目：“生活在不靠谱年代，女孩应该怎么办？”

Lisa的声音响起来：“大家有没有想过这么一个问题？生活在今天这个时代的女性，有什么样的历史责任？”

“历史责任？！”关莹想。

Lisa 继续说道：“生活在今天不靠谱时代的女性，要为未来靠谱时代的女孩创作这本‘谱’。”

“这个责任可是毛重大的（杭州话中‘毛’有蛮的意思）。”关莹调皮地用杭州话在心里说道。

Lisa 说：“但是这本‘谱’是什么？没人知道！旧谱肯定不会回来，新谱现在看起来也不太靠谱。如何才能找到未来时代的‘谱’呢？”

Lisa 斩钉截铁地说：“只有到生活中去探索、去试验、去实践！

“什么样的女孩能够进行这种实践、探索？

“我们认为实施这种探索、试验、实践的女孩，需要下面两个前提条件：

第一，不靠谱时代是个创造力的时代，所以参与这种探索、试验、

实践的女孩，需要具有创造力的天赋。

第二，男女平等的环境给所有的女性创造了一个无比宽广的职场舞台，所以参与这种探索、试验、实践的女孩，必须要有在职场上通过自我奋斗获得成功的愿望。”

Lisa 最后说：“‘神奇圈’就是为符合这两点要求的，并且愿意与我们一起来探索、试验、实践的女性打造的圈子。”

估计在此之前，女性们都没有听过这样深入、透彻的课程，而且完全是为女性所面临的问题着想，所以大家都显得异常兴奋，完全被这个神奇圈所吸引了，于是在底下纷纷议论起来。

神奇圈能提供什么

屏幕在继续显示：这个神奇圈能提供什么？

女孩们议论了一会儿，Lisa继续讲道：“从神奇圈的建筑理念来说，这是一个参照计算机‘云’概念设计的建筑。什么是‘云’概念的建筑呢？就是把一些房间内的功能，放到云端——社区内实现。比如，房间内只有简单淋浴没有浴缸，但是我们在社区内有非常完备的洗浴中心；房间内没有厨房，但是在社区内有各种各样的餐厅；房间内没有洗衣机，也没有晾衣服的地方，但是在社区内有完善的洗衣房……为什么用‘云’概念来设计呢？因为云概念能真正实现‘圈子’的效果。

“什么是圈子？圈子就是让人们能经常见面交流、分享的地方。云概念的建筑把传统房间内的功能都放在社区中，增加了人与人见面与交流的机会，房间只是你睡觉以及处理个人卫生的地方。”

突然，下面有个声音响了起来：“那生活成本不是很高？”这正好也是关莹想问的问题，这里可是顶级的住宅区，如果把房间内的很多功能都放到社区里去了，那消费的价格要多高？

Lisa笑了笑说："一会儿，我们有体验环节，你们体验过了就知道生活成本是不是很高。"

Lisa 接着说："刚才我简单地给大家介绍了一下硬件的情况，具体的，下午我们会安排大家去体验。我再给大家介绍一下'神奇圈'的软件情况。

"'神奇圈'并不仅仅是一处居所，更是一个训练、体验、交流创造力的平台。我们在刚才的提报中讲了，我们要寻找有创造力的，并且有愿望在职场上实现自我的女孩加入，所以，我们在'神奇圈'中为大家提供两方面的服务。

"第一，我们为大家提供由我们集团董事长——凯蒂资助研发的职场洞察力训练课程。大家可能会问，洞察力与我有什么关系？实际上，我们现在流行说的创造能力、创新能力、创意能力、想象能力……这些能力都是人的某种心理基本能力的应用名称，我们统一称之为'洞察能力'，简称'洞察力'。以往我们都认为洞察力是可遇不可求的，谁都知道洞察力的重要性，但是洞察力有着什么样的工作原理，应该如何开发，一直没有搞清。我们董事长资助了一个关于洞察力的基础研究项目。我们会在'神奇圈'中推广这种洞察力训练的课程。

"第二，我们利用我们集团的人脉关系以及董事长的人脉关系，给大家提供职业介绍服务，这不是一般意义上的职业介绍，而是直接面对企业老总。我们'神奇圈'这个项目在这些人脉圈中已经有了一定的知名度，也得到了这些老总的支持，在培训之后，我们的职业介绍是很有优势的。"

有个女孩举起了手，Lisa停了下来问："你有什么问题？请讲！"

"能介绍一下洞察力课程的时间安排吗？还有是怎么收费的？我有点担心是被忽悠过来的。"女孩直率的问题引来一片附和的声音。

Lisa解释道："职场洞察力训练，大概包括了这样几个部分：第一部分是洞察力的基础知识课程；第二部分是运用洞察力的训练课程；第三部分是大家实践当中遇到的问题的咨询。这些服务贯穿于'神奇圈'的学员整个学习期间。换言之，只要你不退出‘神奇圈’，就可以一直享受这些服务，其中课程的具体时间，到时会由授课的米尔森老师给大家讲。当然这些服务都是免费的。”

下面引来一片敬佩的“啧啧”之声。

又有女孩举手了：“请问，怎么才能成为‘神奇圈’会员呢？”

看到提报的效果不错，Lisa有些开心地笑了：“下一个流程是体验‘神奇圈’。等体验结束后，如果您想成为‘神奇圈’的学员，可以向我们提出申请，通过审核就可以成为‘神奇圈’的学员。”

在Lisa提报结束后，关莹和不少女孩迫不及待地就向Lisa要了申请表格。

中午的时候，体验流程开始，每人发了一张“神奇”消费卡，艾米给大家介绍了“神奇圈”中可以吃饭的地方，原来出了神奇圈，有各式各样的餐厅隐藏在绿树丛中。

半小时的就餐时间，关莹懒得动地方，就在会所里点了一份蔬菜沙拉、一份酥皮海鲜汤，送上来后附送了一份蒜香烤面包。细细吃完，一结账，服务生送来账单，消费卡内扣除了7元钱。

关莹看了一下账单，蔬菜沙拉2元，海鲜汤5元——这么便宜？刚才在点餐的时候，明明看见餐单上标着每样都要好几十元呢！

不一会儿，出去吃饭的女孩们纷纷回来了，都在说用“神奇卡”消费价格真便宜，东西还高档、好吃。

人员到齐后，艾米领着大家进入神奇圈会所，开始神奇圈的体验。

体验神奇圈

神奇圈就是一个空心的圈，由一条木栈道连接到岸边，道口有门卫，凭出入证进出。神奇圈的中间有电梯及旋转扶梯直达顶楼，每层都有四面通道连接那个圆圈。

地上有九层，一至六楼是居所，七楼整个是健身中心，八楼是洗浴中心以及洗衣房，九楼是研讨室，顶层是个休闲悬空广场。

地下一层是多功能大厅。地下二层是网吧，楼上每个房间在这里都有一个对应的座位。

走马观花参观一圈以后，有一个小时的体验时间，可以去洗浴中心洗澡，也可以去健身中心健身，去顶层喝咖啡，或者在地下网吧上网……

关莹来到了顶楼的悬空广场，从中心圆到外围的圆之间用透明的玻璃做地板，可以直接看到一楼，这样也不影响整个楼的采光。环形的广场上支起了一把把遮阳伞。

楼下就是掩映在浓密树荫中的别墅群，因为是别墅区，所以很安静，可以看到不远处的佘山。关莹想，在这里除了睡觉外，真的不用回房间——运动完了，就去洗澡；洗完澡就能洗衣服；洗完衣服，可以来这里坐坐，或者去网吧，那差不多就是私人的办公桌。关莹有些恐高症，下面的风景虽然很好，却也不太敢看下面，更不敢看脚下的透明玻璃了。

结束了体验流程，差不多每个女孩都填写了申请。

这是很新奇的一天……

回到杭州的几天，关莹的脑子里差不多还都是“神奇圈”的影子。她的内心十分渴望被神奇圈录取，她第一次尝到了等待录取通知的滋味。

好在忙碌的工作让她还能暂时忘却一下等待的煎熬，给“绿雨”餐厅写了宣传稿件，尹老板看了很满意，第二天就发了。给外婆画的百万美金，更是让老外婆高兴得合不上嘴。

在外婆生日午宴时，关莹接到了Lisa打来的电话，她被“神奇圈”录取了。

Part 03

直觉知道，但做不到（第1课）

瑜伽室上课

在接到来神奇圈修炼的通知后，关莹再次来到上海。不知道为什么，这次杭州到上海的时间感觉特别长。她不知道是怀念还是期盼，总之是有些眷恋杭州，也许，她正需要一次命运的改变。

重新踏上这条通往神奇圈的栈道，没走几步就看到艾米出现在栈道那头的门洞里。艾米领着关莹坐电梯下到了地下一层，原来她们的办公室就在下面的多功能大厅边上。

艾米给关莹办完了手续后给了关莹一把房间钥匙、一本神奇圈指导手册、一张课程安排，一一讲明白了以后，把手册与课程安排装入了信封，嘱咐关莹回房间自己好好看看，特别是课程安排，是有问题需要准备的。讲完，艾米拿着钥匙领着关莹去她的房间。

关莹的房间在三楼。上次来走马观花没有仔细看，这里整个房间都是用粉色玻璃与不锈钢做的，显得很时尚，进门的地方用帘子隔出了一块卫生区域，有马桶、脸盆，还有一个莲蓬头。

靠窗是一张超柔软的床，睡上去人会陷进去的那种。关莹躺上去就不想下来了，有种躺在妈妈怀抱中的感觉。

在床正上方的天花板上放了一台液晶电视机，这样躺着就能看电视了。躺在床上，看着床与卫生间之间巨大的空间，关莹有点不知道是干吗的，三面墙上有着服装店里那种挂衣服的架子，中间放了一张圆低凳。关莹突然明白了，那是用来挂衣服用的，有面墙是专门用来放鞋子的，中间的圆低凳是用来穿鞋的。关莹突然想到，呀，这正是给女性设计的房间，舒适的床，巨大的挂衣服、放鞋的空间，还能躺着看电视。

关莹把所有的行李都放好以后，冲了一个澡，舒服地躺在床上，拿出了艾米给的资料看了起来。手册上的内容与上次介绍的内容差不多，只是多了很多的注意事项，关莹匆匆地扫了一眼，放到了一边。认真地看起了洞察力课程安排。

第一次的课程在后天，周一晚上7：00，需要学员提前思考的问题是："人为什么总是知道，但做不到？"要求是人人都必须做好思考，进行阐述。很奇怪的是，第一天的课程地点在七楼健身中心的瑜伽房，要求大家穿着运动服装。

关莹到了神奇圈，觉得到了理想家园，给自己买了一大堆的零食，躺在软软的床上，看着天花板上的电视，吃着零食，这才发现躺着看电视感觉真好，但是躺着吃零食的感觉就不太舒服了。

到了周一晚上6：30的时候，关莹被自己设的闹钟吵醒了，她赶紧起来洗了澡，换上了健身服，既然是去上课的，当然得带上笔和本子，坐电梯上了七楼健身中心，服务员把她引到了瑜伽室。

瑜伽室内有个束着马尾穿着白色瑜伽服的女性，在那里做着一个高难度的瑜伽动作，见关莹进来，赶紧站了起来招呼——她是这里的健身教练。

不一会儿，陆陆续续地进来了四个学员，算上关莹总共五个人。

时间一到，健身教练首先让她们把带的笔和本子都放到外面。说上课前让大家做瑜伽，是为了让大家忘掉以往建立起来的上课模式，这里是与众不同的，包括所有的授课方式。

关莹把笔和本子都放到服务台，心里觉得很好奇。

回到房间，健身教练教了大家一个很简单的瑜伽盘坐的姿势，并教大家在音乐中调整呼吸，想象自己好像处在一个椰林与大海的沙滩上，“沙沙”的海浪抚岸声音以及微微的海风在吹拂自己。

在健身教练的引导下，关莹除了觉得腰腿有点酸痛外，内心感觉到了一种宁静，时间长了，有种要睡着的感觉。如果没有那腰腿的酸痛感，关莹差不多就真的要睡着了。

就在关莹快睡着的时候，音乐声突然停止了，关莹回过神来，不知道什么时候，健身教练坐到了边上。原来健身教练的位置上，席地盘坐着一个很儒雅的男人，看样子也就30岁左右。

只听健身教练说：我给大家介绍一下，这位就是与大家分享洞察力体验的米尔森老师。

米尔森：“大家好，我是米尔森，未来的一段时间内我将和大家一起来探讨关于洞察力的问题，相信我们将度过一段美好的时光。请让我认识一下你们好吗？”

见自己就坐在米尔森的面前，关莹先自我介绍：“Hi，我是关莹，我是从杭州来的，我之前做的是广告宣传工作。”

左边一个女孩说：“我英文名叫Judy，我来上海一年了，我在报社工作。”

右边一个女孩说：“我叫安妮（Anny），今年才从复旦大学毕业，学的是国际金融专业。”

后边又有个女孩说：“我叫Fela，我今年才从浙大毕业的，学的是新闻专业。”

最后边一个女孩说：“我叫萨丽雅(Shalia)，今年考取了公务员，在政府机关工作。”

关莹发现这几个女孩的英文名都很洋气，一下子觉得自己没有英文名字好老土，给自己起个什么英文名字呢?

关莹正在想着，思路被米尔森的声音打断了。

米尔森："大家知不知道需要思考的问题?"

见大家都表示知道，米尔森开始提出了他的问题："容易知道，但不容易做到，是我们生活中普遍存在的一个现象。不知道大家是如何看待的? 有谁能和我们分享你的想法吗?"

见没有人主动回答，米尔森冲着关莹微笑地点了点头，关莹明白这是要从她这里开始。

这个问题，关莹其实已经想了两天了，想来想去觉得答案无非是缺乏恒心、毅力、兴趣。一个人经常知道要做一件事。总是因为缺乏恒心、毅力、兴趣，结果不能坚持下去。这点关莹自己很有体会，小时候老爸让她练字，可是小虫虫一看到那支毛笔，头就老大老大，非得挨了老爸的揍，才能含着眼泪坚持下来，结果在幼儿园期间学了两年书法。上小学后，因为怕影响学业，老爸也就没有逼着她练字了。从此关莹就再也没有练过字，直到进入高中看到帅哥物理老师写了一手超漂亮的瘦金体，这才激发起了她练字的兴趣。有了小时候跟老爸学字的底子以及对帅哥的崇拜，关莹的书法突飞猛进。可是，一旦上了一个平台以后，继续练字的动力就不是那么大了，加之关莹后来又迷恋起任贤齐，就又不大练字，开始喜欢唱歌，她的书法水平还是没提上去。从这件事看，关莹觉得做一件事关键是兴趣，有了兴趣还要有恒心与毅力。

关莹说："这个问题我是这样看的，做到一件事或者说做成一件事，需要的是兴趣、恒心以及毅力，缺乏这些是很难做成一件事的。现实中，我们知道要做的事情，往往缺乏对这件事情的兴趣以及恒心、毅力，结果就是'知道，但做不到'。"

米尔森微笑着点头，并把目光移到了下一位女孩的身上。

也许这个问题只有唯一的答案，后面四个女孩的回答都赞同了关莹的答案，有些还列举了自己的例子。

米尔森见大家都答完了，说道："大家回答得很好，不仅回答了问题，而且还有自己的亲身体会。"

关莹想，米尔森该不会要说但是吧，这种说法的后面常常就是跟但是的。

果然，米尔森继续说道："但是，大家有没有注意到，兴趣、毅力、恒心这些概念，都是你们学习来的，换言之，是社会对造成'知道做不到'的原因的总结与归纳，而且你也认同了这些原因。"

见大家有些疑惑，米尔森继续说道："我们每个人都有一个知识库。在我们成长的过程中接收了很多社会对各种事物的看法，这种看法就是知识，我们把这些知识存放到了我们的知识库中，当我们遇到问题的时候就会从知识库中寻找答案。

"从刚才大家统一的答案来看，就是这种在知识库中找答案的结果。大家是否想过，一个人要在职场中、社会中获得成就与地位，不仅要知道大家都知道的答案，更需要洞察到别人所不知道的答案，或者说洞察到事物的本质。

"我这里给大家介绍一种新的思考方法，请大家试一试。在思考问题的时候，首先要保持内心的平静、安宁的状态，就像刚才练瑜伽那样；其次，要忘掉或者排除已知的答案，然后用这个问题问自己的内心；最后，在想的过程中也许会不断地冒出原来的答案，你要排除它，然后继续保持内心的宁静，问自己问题。"

思考问题 → 保持平静状态 → 排除已知的答案 → 问内心 → 寻找真正答案

按照米尔森老师的说法，大家进入了沉思状态，但是，并没有达到米尔森说的那样平静、宁静。就拿关莹来说，开始按照米尔森说的做了一下，内心就有种很强的抵触，仿佛在说不是有答案了吗，为什么还要答案呢？才把这个念头压了下去，她又开始眯着眼睛去瞄其他的女孩，发现其他的女孩也在互相瞄来瞄去。

过了很久，关莹想，难道这课程就这样干坐着，在互相瞄来瞄去中结束吗？

快到点的时候，米尔森的声音打断了大家的胡思乱想。好像知道大家的心思一样，米尔森说："是不是很难安静地思考？原来的念头老是跳出来？"

"是！"学员们纷纷回答。

米尔森说："这是由两方面的原因造成的：第一，大家在以往的学习过程已经在大脑中形成了一种习惯，就是找答案、等答案，在大脑中缺乏自己发现答案的机制。第二，大家还不懂得管理内心的情绪，当内心出现情绪的时候，你的内心就已经失去了洞察思考的基础，所以你会心烦意乱。

"当然，我在这里一说，你马上就能做到这也不现实，不过大家要记住我刚才讲的三点：首先保持内心的宁静，其次排除已知的答案，最后不断地排斥已知答案的冒出，保持内心的宁静，再问自己内心问题。"

米尔森看了一下时间："时间到了，我们星期四晚上再见，这两天，希望大家用我刚才说的方法对'知道做不到'的问题再进行思考。"

米尔森讲完就先离开了。

这是关莹上过的最奇怪的一堂课，也是最累的一堂课。毕竟这堂瑜伽启发课，在米尔森开始出现的一个半小时里，关莹的大脑一直在思考，加上第一次与老师坐得那么近，确实有些紧张，下课了居然有一些累的感觉，这在以前是从来都没有过的。

见老师一走，有几个女孩直接躺在地上伸起了懒腰，都说很累。

健身教练回来后，通知大家周四的课在九楼的1号研讨室上，时间还是晚上7点。

让米尔森惊讶的答案

星期二、星期三整整两天，关莹感觉像在驯一匹野马一样，那匹野马就是她的内心原有的答案。每次关莹把自己调理得平静了，一问自己问题，已有的答案就跳出来了，而且显得很烦躁，让她别再想这个问题了。直到星期三晚上，关莹渐渐地能驾驭这匹马了，能把“兴趣、毅力、恒心”的答案给排除掉了，在很宁静的心态下问自己，人为什么知道做不到。

星期四的早上，关莹在似醒非醒的时候，突然一个念头跳入她的脑海中……

一天过得很快，一会儿就到了晚上，关莹早早来到了1号研讨室，服务人员已经开了门。研讨室里的座位布置成扇形，就像一个KTV的包厢，关莹坐在了里面第一个座位上，希望米尔森还能第一个问她。

7点前，其他四个女孩差不多也都到齐了，服务员在每人面前送上了一瓶依云水。

7点一到，米尔森进来了，说：“让我们继续！”

关莹刚想说，没想到这次米尔森的目光看向了靠近门口座位的女孩Judy。

Judy原来想，靠边的座位不在米尔森的正视范围内，也许不会被第一个问，所以就特意选了这个座位，没想到被米尔森点了第一个发言。

看得出Judy的内心有些慌张，于是，她把周一讲的兴趣、毅力、恒心答案又重新说了一遍，并且强调这是唯一的答案，对于已知的答案没有必要去浪费时间钻牛角尖，如果老师有新的答案应该告诉学生；她还引用北大校长在与耶鲁大学校长对话中讲的，老师的责任就是要生产知识然后教给学生，这是做老师的本分，言外之意好像是在怪米尔森知道答案不讲给大家听。

第二位是安妮，她倒也直接，告诉米尔森她没有想出新的答案，看得出她也有点不太高兴。

米尔森的目光刚刚看到第三位Fela，Fela就迫不及待地开口：“所谓‘做到’，我们可以理解为是一种行为，而行为与人的什么是相匹配的呢？”Fela像米尔森一样地提出了问题，然后并不着急地用眼睛向所有的人扫视了一遍，停顿了少许，神秘地蹦出两个字——“是命！”

看出大家有些惊异的眼神，Fela有些得意地往下讲。

“一个人的行为与他的命是相匹配、相均衡的，也就是说，一个人有什么样的行为就会有什么样的命运。我们相信每个人都有改变自己命运的潜能，但是真正能改变自己命运的没有几个人，大多数人都在按照命运的轨迹发展，也就是说，虽然我们每个人都有改变命运的可能，但是绝大多数人都缺乏改变命运的能力，一个人的命运岂是能随便改的？所以，即使他知道了也很难做到。”

“很好，很有洞察的发现，谢谢你的分享。” 米尔森向Fela点头致谢。

Fela出色的回答给萨丽雅带来了压力，当米尔森的目光移向她时，她竟然有些语塞：“行为与命运有关？这个好像有点扯远了。”

Fela听到萨丽雅在反驳她的观点，刚想反击，就听米尔森打断了萨丽雅的发言。

“行为是不是与命运有关，这是另外一个话题。我们现在的话题是：发表你对‘知道做不到’的认识。”

“哦，这个、这个问题，我的观点与……” 萨丽雅想说与Judy的观点是相同的，可是又觉得Fela已经有了新的答案，再说原来的答案是唯一的就有所不妥了。看着米尔森笑盈盈地直视着她，她有种好像被洞穿内心的感觉。她突然有种泄气的感觉，“这个问题我没有新的发现，可我并不认同Fela的观点。”

米尔森嘴角露出明显的一笑："好的，没有新的发现没有关系，只要你愿意承认。"

萨丽雅感觉内心好像被米尔森的微笑给刺痛了。

随后，米尔森微笑着将目光移向了关莹。

关莹正在心中鄙视这个萨丽雅，觉得她有点小人，自己没有什么想法，却想通过对别人的否定来掩盖自己。见米尔森看自己，关莹平静地说道："我通过反思我自己一些学习的经历，我觉得我们说的'做到'，可以定义为学会某种技艺或者持续做某一件事，对吧？"关莹朝米尔森投去了问询的目光。

见米尔森在点头，关莹继续说道："如果是这样的话，'做到'的背后其实是一种人的反应与习惯，也就是说，'做到'是一种不需要费脑筋、费心思去想'我要怎么做'，就能自然作出反应的动作，这种自然作出反应的动作就是习惯。"

关莹突然看到米尔森有眼睛一亮的感觉。

关莹继续说道："就拿我学书法的体验来说，当我知道了很多写字的原则、笔法的时候，并不能写出好看的字来，因为我的身体、呼吸、心态、手势还没有建立相应的反应与习惯，只有经过一段时间很痛苦的练习以后，当身体、呼吸、心态、手势都建立一种行为反应，并成为一种习惯以后，再写字的时候就很轻松，就能'知道'并'做到'了，而且还能发现别人写的字的内涵，发现了还能融入自己的字中。

"当然，这还没有回答如何才能'做到'的问题，因为很多要'做到'的，都有一个很痛苦的打基础的过程，我觉得真正能'做到'，需要两个方面：一方面是天赋、天性，有了天赋、天性自然会有兴趣，有了兴趣能抵消打基础阶段的痛苦；另一个方面就是外界压力，比如老爸打屁股，一种更大的痛苦同样可以抵消打基础阶段的痛苦。大概是这样吧。"

"说得很好，谢谢你给我们带来了新的思考，你的思考很有独立性，非常感谢。"米尔森说话的态度让关莹有点吃惊。

两种不同的思维模式

米尔森继续说道：“接下来，我们继续分享一下这两天中大家思考的体验。在这两天的思考中，大家有什么样的体验感受？说说你们的真实情况吧。”

这次米尔森把目光移向了关莹。关莹知道这次是从她这里开始回答了。

“开始的第一天，按照米尔森老师说的方法，首先安静下来，然后向自己的内心问问题，然后，抛开跳出来的‘已有答案’，可是那个已有的答案老是要跳出来，想抛也抛不开，时间长了，都有点心烦意乱。心想已经有了答案为什么还要想答案呢？

“第二天白天我就没有想这个问题，一直到了晚上，我又重新开始思考这个问题，发现米尔森老师的思考方法核心是要使内心平静。于是当原有的答案又冒出来的时候，我也不强行排除，就让它存在，这样我的内心反而不烦躁了。接着我就开始思考这个问题，思考的时候，我的脑海中出现了很多我自己以前学东西的情景，一幕一幕的，后来……”

关莹有点不好意思地说：“后来我就睡着了，今天早上我醒来的时候，脑子中突然闪现一个念头，告诉我在‘做到’的背后是人的反应与习惯。今天白天，我又梳理了一下，觉得十分有道理。”

没等到萨丽雅发言，Fela就迫不及待地发言：“是的，我也是这样，第一天把自己搞得很烦，而且也很累，心里也抱怨过米尔森老师，如果有答案为什么不告诉我们呢？既然已有了新的答案，为什么还要我们去钻牛角尖呢？

“第二天我又坚持了一天，依然心烦意乱，今天我准备放弃了，折腾了两天人很累，下午去了八楼的洗浴中心。洗浴中心真是太棒了，一个人泡在水里，看着窗外的落日，感觉好极了，内心觉得特别的宁静。时间长了，就顺便又把前两天的问题拿出来想了想。也许知道我已经放弃的缘故吧，这次那个已有的答案没有跳出来，想着有点迷迷糊糊的时候，脑子里一下子有一个念头，就是'做到'与命运是关联的。当时很兴奋，也觉得有点不可思议，也没有像关莹那样进行整理，时间就差不多了，我就赶上来了。"

萨丽雅接过话茬说："我也和Fela一样，心烦意乱了两天，第三天就放弃了。我要上班没时间泡澡，所以没有答案了……"

Judy与安妮纷纷应和着，她们也都是折腾了两天后放弃了。

米尔森见大家分享得差不多了，就说："这种思考训练，不在于答案的正确与否，而在于对思考本身的体验。"

米尔森接着说："大家是否发现，我们的思考是受到我们内心中'已有答案'的束缚，如果我们想进行深入的思考，我们心中'已有答案'会极力反对我们思考，而且会带有很强烈的情绪反应，这点大家都已经体验到了。"

见大家纷纷点头，米尔森继续说："由此，我们是不是意识到了，我们平时所有的思维，都是受到这种'已有答案'束缚的。这种束缚让人很难对事物有新的深入的思考。

"中国人有句古话，叫做：劳心者治人，劳力者治于人。在职场中想要取得成就，就必须摆脱这种'已有答案'对我们的束缚，学会发现更多答案的能力。"

见大家纷纷点头，米尔森继续说："有了'已有答案'对我们思维的阻挠，我们就要排斥这种'已有答案'对我们内心的干扰。虽然这种排除不是太容易，但是只要我们能让内心进入一种宁静的心理状态，我们的内心就会发现新的答案。这一点我们这里有两位学员已经体验到了。说句实话，你们的回答出乎我的意料之外，是我从来没有想到过的，让我有肃然起敬的感觉，是很有意思、很有价值的洞见，这也说明是你们洞察的结果。

“大家在过去两天中体验到的是两种截然不同的思考体验，前一种是‘反应式思维’，后一种是‘洞察式思维’。‘反应式思维’模式是我们每个人都在用的模式，它是机械的、习惯式的；而‘洞察式思维’模式，只有少数人在少数方面、少数时间才会用的思维模式。”

扫了一眼学员们的眼神，米尔森知道学员们的心门正在打开中，于是又继续说道：“大家知道吗？‘反应式思维’的作用在于，能让我们在现实生活中提高生活和工作的效率，如果遇到任何一件事，我们都要去考虑我该如何做的话，那我们上班可能都出不了门，醒了得想，我该如何起床？用哪只手掀被子？如何坐起来？哪只脚先下床？……等到把所有的问题都想明白了，估计就不用起床了，天又黑了。”

关莹听了笑出了声，米尔森老师说得挺有意思的。

米尔森用比之前更加沉稳的语气说道：“‘反应式思维模式’的作用是帮助人类，其实不仅仅帮助人类，而是帮助所有的动物大大提高行为的效率。需要做什么？只要一有念头，马上就可以产生相应的动作。这种思维模式是一种很低级的思维模式，它是完全依靠以往的经验、知识来实现快速反应的。抛开以往的经验以及已有的知识，它就不会反应了。我们很多人虽然从小到大，十年寒窗学了很多的高级知识，但是并没有学会高级的思维模式，只是在用低级的思维模式快速地搜索高级知识而已。

“‘洞察式思维模式’是一种高级的思维模式，它可以让人摆脱已有的经验和知识的干扰，发现事物背后蕴含的本质。人类的进步、社会的发展依靠的就是这种思维模式。一个人如果希望在人生中取得满意的结果，在职场中获得希望的成就，就必须训练自己进入‘洞察式思维模式’。

“大家已经体验过了，要进行‘洞察思维’不是件容易的事，因为以往的教育以及我们的生活习惯，都让我们深陷‘反应式思维模式’

中。未来一个月的课程，我要帮助大家逐步认识、体验到‘洞察式思维’，并能运用洞察思维。”

学员们发出开心的笑声，Fela调皮地说：“呀！那我们不就要成为优秀的人啦？太优秀啦，会不会嫁不出去啊？”Fela的问题引起了女孩们的又一阵笑声。

米尔森听了也笑道：“这，也是一个‘反应式思维’的问题。”

认识真正的“我”

米尔森继续说：“要学会进入洞察思维模式，首先要对自己有个深入、清晰的认识。下面让我们来讨论——对人的认识：谁是真正的你？我们不用轮流发言的方式，希望大家畅所欲言。”

女孩们进入了思考之中，又是Fela第一个举手回答了：“这个问题我有点不理解，什么叫‘谁是真正的你’？我就是我喽。”

米尔森说：“那么你说的那个‘我’是谁？又是什么样的？”

Fela很快地回答：“就我这样啊。”一边说，一边把两手往两边一摊。边上的女孩们被她的神态惹笑了。

米尔森笑着说：“好的，这是一种回答。还有其他的回答吗？”

Judy说：“真正的我，是我们的思想所在的地方，是我们的大脑。”

安妮应和着：“对，我好像看过一本书，说真正的人是我们的思想、心智。”

米尔森追问了一句：“思想从哪旦来？心智是什么？”

萨丽雅说：“不就是大脑吗？”

这个问题如果在学校里上课，米尔森一定又会像上次一样，教给学生思考方法，让学生回去自己思考。曾经有个问题，米尔森让学生整整讨论了一个月。讨论与思考本身就是进入洞察思维模式的最好办法，可是在神奇圈的课程，时间没有在学校里那么充裕，所以，米尔森决定告诉大家答案了。

米尔森说："谁是我？我就是我。这是一个很简单的问题，也是一个很纠结的问题。我们要想进入自己的洞察思维模式就必须搞清楚'谁是我'的问题。

"这就好比运动员一样，运动员要出成绩，就必须训练相应的肌肉，投掷项目练手臂的肌肉，跑步项目练腿的肌肉，不了解肌肉的部位与特点是没法练出相应的力量的。同样，要进入'洞察式思维模式'必须了解我们的哪个组成部分在洞察？是如何洞察的。"

看着大家迷惑的眼神，米尔森在墙上的玻璃白板上画了一张图。像一艘卡通的潜水艇，里面一上一下各画了一个圆圈：一个在指挥塔位置，一个在轮机舱的位置。

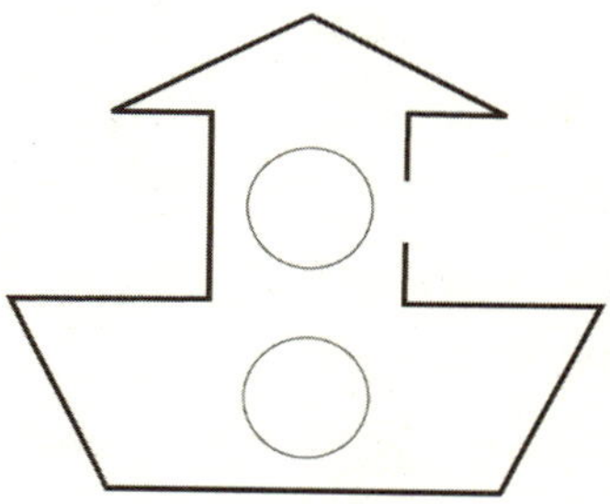

关莹看到米尔森的图想，米尔森小时候大概也喜欢画卡通吧。

米尔森画完图，回头说："我们人，很像一个交通工具，由交通工具与驾驶者共同组成。这个能理解吗？也就是说，我们所感觉到的身体是交通工具，如果只有交通工具而没有驾驶者，我们仅仅是一具躯壳而已。人之所以成为人，是因为人的躯壳中有了驾驶者。问题是这个驾驶者是谁？有几个？他们各自承担着什么角色？这是需要我们搞清楚的。"

看着女孩们迷茫的眼神，米尔森解释道："人是一个很复杂的系统，所以她不是单人驾驶的，在我的体验看来，最起码是双人系统。也就是说，我是我们，而不是我，真正驾驭我们的是一个存在于我们体内的‘我们’团队！”

关莹听着觉得很惊讶！

我，不是我，是我们？！驾驭人的是一个团队？！

这是从来都没有听说的东西，关莹不知不觉中身体前倾，双肘撑在桌子上，昂头看着米尔森，急切地想了解下文。

米尔森紧接着说：“组成驾驶团队的成员，有这么两位。”

米尔森指着图中上面一个圆圈说：“这个是我们的‘意识’，是我们能感觉到的，我们可以称之为显意识或者‘上意识’。”

米尔森又指着图中下面一个圆圈说：“这个也是我们的‘意识’，是我们平时所没有感觉到的，我们也可以称之为潜意识或者‘下意识’。

“显意识与潜意识各自承担什么角色呢？就拿这艘潜艇的模型来看，真正指挥我们的，是我们的显意识，显意识就好比是潜艇的船长，他下达指令。而潜意识是一个执行能力超强的‘执行控制中心’与‘参谋中心’，掌管着人的反应模式与洞察模式。”

看女孩们有些迷惑，米尔森就举起了例子：

“比如，早上你醒了，你根本不用去想你该如何起床，你的显意识只要发出‘起床’的指令，潜意识就会控制你起床。你的显意识发出‘刷牙’的指令，潜意识就会控制你去刷牙。我们生活中所有的行为都是由显意识发出执行的指令，然后由潜意识来执行。

“包括我们的思考也是一样，前两天，大家在思考的时候，潜意识处在‘反应式思维模式’中，当你们的显意识给潜意识下达思考指令的时候，潜意识直接从已有的知识库中找出了‘已有答案’。当关闭了已有知识库，潜意识就进入了‘洞察式思维模式’，于是它就有了新的认识与发现。”

看着女孩们依然有些迷茫的眼神，米尔森很理解地说：“大家现在一定觉得很抽象，没法理解。”

女孩们纷纷点头称是。

“这个不要紧，这正说明大家的潜意识现在正处在反应模式中，你的反应模式中没有相应的内容，所以就不容易理解，这是很正常的现象。现在大家只要了解显意识与潜意识之间的关系即可，之后在不断地体验潜意识的过程中，你自然会理解的。现在这个阶段，大家的主要任务就是体验潜意识的存在，我再举几个例子，让大家体会一下。”

“自行车大家一定会骑吧？”米尔森问，女孩们都说会。关莹没好意思说，她不会骑自行车。

“骑过自行车的，大家一定记得当初自己是如何骑的吧，Judy能告诉我们吗？”

Judy说：“我是老爸教我骑的，他就告诉我，在骑车的时候，车往哪边倒，车把手就朝那边转一下，车就不会倒了。我记住了这个原理，开始的时候后面有人扶着，车往哪边倒，我就往那边转一下车把，开始几下没弄好，过一会儿就掌握了，骑得越快转车把的幅度越小，一个上午就学会骑自行车了。”

米尔森说：“很好。Judy说得很好，她说的学自行车的过程就是一个很好的例子，开始的时候她的潜意识里是没有骑自行车的体验，所以她不会骑，但是，她的显意识告诉潜意识，车在行驶的过程中车往哪边倒，车把就往那边转一下，开始的时候潜意识中没有这样的行为体验，所以即使知道了原理依然不会骑，但是在之后连续的尝试下，潜意识掌握了车往哪边倒，车把手就朝那边转一下的动作，所以在骑车的时候，只要显意识发出‘骑车’的指令，潜意识就会自动作出反应，保证自行车向前行驶不会倒了，根本不需要显意识再去想车把往哪边转了。而且会骑车的都知道，在骑车的时候，根本不需要想如何骑的问题，脑子可以去想其他的事情，也不会影响你骑车。这就是你的潜意识在起作用的缘故。”

潜意识掌控你的意图

看大家有点明白了，米尔森说："潜意识就是我们意识团队的一部分，她并不神秘，只是我们以往没有认识到她的存在而已。我们的古人对显意识与潜意识就曾经有着很深的理解。"

米尔森在白板上又画了一个古体的"思"字，问大家："你们知道这是什么字吗？"

关莹认识，答道："是个思想的'思'字。"

米尔森又问："知道它的组成吗？"

关莹答道："上部分是人的头顶骨的象形，下部分是人的心脏的象形。"

米尔森满意地说："关莹学过书法，对字就是很了解，还有别的吗？"

被米尔森一问，关莹的脑中突然有一个念头一闪，就像今天早上闪出那个念头一样带有一种莫名的兴奋。

米尔森看到关莹的眼睛一亮，知道她有了新的发现，所以就不着急揭示答案，而是给了关莹一个鼓励的眼光，说："还有什么？说说看。"

关莹有点激动地说："我刚才突然想到，这个思字的结构与米尔森老师您刚才画的那个显意识与潜意识的结构很像，您是不是说，思字的上半部的头顶骨象形其实代表的是我们的显意识，而那个心的象形其实代表的是我们的潜意识？"

米尔森说："是！这正是我的感悟。人是我们人的外在的形式，'思'才是我们人的内在真正的结构。一个人需要思考的时候，是显意识发出指令，然后由潜意识进行思考，这个在古人造字的时候已经体验到了。"

女孩们发出一片惊叹的声音。

米尔森又在黑板上写了一个古体的“想”字，说：“这是‘想’字，上面是个‘相’，就是仔细看的意思，这个字什么意思呢？就是用潜意识仔细地看，这难道不是洞察的意思吗？在我们的古人看来，洞察就是用潜意识仔细看。到今天我们的语言中不是还保留着‘这个问题你是如何看的’之类的语言吗？

“我跟大家说这些古字并不是要大家去研究古文字，而是要告诉大家，潜意识在我们传统文化中并不是一个什么神秘的东西。在很久以前，我们的古人就认识到她的存在，并称之为心。从古到今，潜意识并不神秘，只是到了现代，我们对传统文字所指向的物质属性不了解，又被新的文字所指示的物质属性所掩盖了，所以我们失去了对心、意的真实含义的了解。中国的传统文明为什么能在世界文化之林中熠熠生辉？从基础上来讲，这与中国那个时代整个知识分子阶层进行潜意识的洞察力训练是有很大关系的。任何一个人有了洞察能力就能成为有创造力的人，更何况整个民族的知识分子阶层都崇尚洞察力的训练，这个民族一定是具有无比巨大创造力的民族。

“今天，我们希望在职场上取得成就，同样需要进入我们的洞察思维系统。进入洞察思维系统并不难，首先要体验潜意识的存在，我们每个人都有了不起的潜意识，她是我们的执行中心、参谋中心，只要多体验就能逐步了解她、使用她。希望大家回去后多多体验，我们下周一再见时，我想听听大家对潜意识体验的感受。”

一说下课，女孩们就好像是回到了学生时代一样，一下子上去把米尔森老师围在中间，七嘴八舌地问起了问题。米尔森认真地听了几个问题后回答说：“我觉得这几个问题都是你们在反应模式下问的问题，我希望这几天你们能用潜意识来想一下。”

四个女孩跟着米尔森老师一起坐电梯下去。关莹一个人瞪着白板看了很久，她不仅被米尔森老师讲的内容所打动，更被自己一天中出现的两次神奇的念头所震动，她现在明白了那就是她的“潜意识”在告诉她答案，关莹感到异常震惊！潜意识确实如米尔森老师讲的那样并不神秘，她能提供具有洞察力的想法。没有米尔森老师今天这么一番解说，自己根本不可能知道潜意识的作用。学会管理、使用潜意识岂不是会让自己变得很了不起？

关莹关照服务生先不要擦白板，自己匆匆跑到楼下房间，取了照相机，把白板上的内容都拍了下来。这才帮着服务生擦白板、打扫房间。

出了房间，关莹突然觉得异常饿。于是顺着中央的旋转扶梯上了顶层的天台，9点多的时候居然是天台最热闹的时候。关莹很奇怪：服务台居然有卖上海特色大馄饨的，于是关莹点了一碗荠菜肉馄饨。

服务小姐笑着说："你是才听完米尔森老师的课吧？"

关莹觉得很奇怪，问："是啊，你怎么知道？"

服务员小姐说道："这馄饨原来是给米尔森老师准备的夜宵，结果他一上来，学生都上来了，所以我们就干脆多准备些，没想到还很受欢迎。此后，我们这个西餐吧就开始卖上海大馄饨了。"

"哦，米尔森老师还在吗？"关莹以为米尔森还在。

服务员说："刚坐电梯下去了。"

上海的大馄饨不是一般的大，而是非常大，平时关莹只吃小半碗就饱了，今天居然全吃了，看来是真的饿了。

吃完馄饨，关莹依然坐在那里在想米尔森老师上课的内容。关莹细细地感悟着以往自己的经历，虽然关莹不会骑自行车，但是关莹会的东西可多了，书法、绘画、唱歌、弹琴、英语、主持，关莹一样一样地感悟学习它们、运用它们的过程。关莹发现，"潜意识"真的在起到米尔森老师说的那种作用。

就拿关莹拿手的活动主持来说吧，关莹明显地感觉到，自己在现场讲的那个人与想的那个人，其实是两个人！这在关莹高中做活动主持的时候就发现过。在高中之前的活动主持，都是有事先写好的主持文字稿，所谓的主持就是按照流程把稿件念完就行了。

到了高中，有一次学校搞联谊会，关莹在主持的时候，突然有种“原来主持人是可以调控所有人情绪”的念头，于是，在不知不觉中她就脱稿主持了。当时只要她想到要让现场热烈一些，她居然自然而然地脱口而出，当她想让现场的情绪收一下的时候，她又自然而然地脱口而出，根本不需要看稿，而且说得非常流畅、自然。事后校长、老师们都说关莹主持得非常好，当天所有表演中，最出色的就是她这个主持人。

从此以后，关莹搞活动主持就再也没有写过主持人讲稿，而是只写一个大纲，注明流程与要点，就开始自由发挥了，这样主持出来的效果非常好。原来关莹一直不太明白其中的道理，现在她明白了，原来这是“显意识”与“潜意识”合作的结果。

关莹一件件地想，越想越开心，突然她发现了一个问题，让她百思不得其解，苦苦沉思中竟然忘了餐吧早已打烊了，四周的灯都已暗了下来，只有满天的星星陪伴着沉思中的关莹……

Part 04

第六感是如何反应的（第2课）

显意识与潜意识的桥梁

周一晚上7点，米尔森一进研讨室就问大家这几天有什么感悟。

这次不需要米尔森点名，女孩们就踊跃地发言了。

其他人都讲过了，基本上都从以往的经历中找到了潜意识发挥作用的体验。米尔森发现关莹还没有发言，就把目光移向了她。关莹有意在最后发言，她想向米尔森提出她的问题。

“我在体会潜意识与显意识的时候，发现一个问题，一直没有想明白，想请教米尔森老师。”关莹说道。

米尔森点着头给了她鼓励的眼光。

“我在体会潜意识与显意识的时候，很明显地感觉到了米尔森老师说的，‘显意识下指令、潜意识执行’的过程。但是我一直搞不清楚，这个显意识给潜意识下的指令是什么形式的？是语言吗？好像不是的。就是一个念头的感觉，这种念头是什么呢？”关莹提出了问题，这个问题显然其他女孩也同样感兴趣。

米尔森听了笑道："很好，这问题有质量，深入思考了。"

米尔森转身在白板中央画了上下两个圆圈，并在圆圈之间画了双向的箭头。

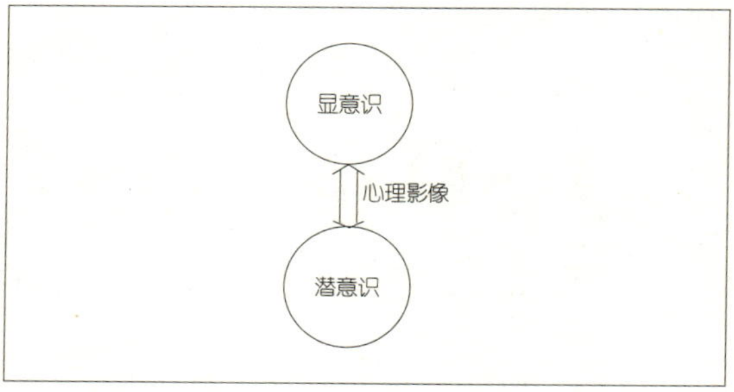

米尔森说："就从我个人的体验来看，显意识与潜意识之间的沟通语言，是一种心理影像，显意识向潜意识下达的指令是心理影像，潜意识给显意识反馈的也是一种心理影像，在我们的感觉中，这种'心理影像'就是一闪而过的念头。"

米尔森在双箭头边上又写上——**心理影像**。

米尔森转过身说："我这里要强调一下，我说的都是我的个人体验。作为学习者，要了解这种知识，需要你自己也去体验，有可能你们的体验与我的体验是一样的，也有可能是不一样的，你会有新的发现。还有可能我的体验是错误的，而你的发现是正确的。所以，我说显意识与潜意识沟通语言是一种心理影像，是一个桥梁，大家不要把它当做一种定论，而是要自己去体验、去印证。"

关莹举起了手，得到了允许。

关莹说："那么，我们的语言与这种心理影像是个什么关系呢？以往好像都说，语言是思维的基础。"

米尔森心想有关莹这样的学生真好，能用她的思考推进课程的进行，也能带动其他学生的思考。

米尔森说："很好，下面的内容，我们就来讨论这个问题。上次课程以后，我们大家体验到了显意识与潜意识，并了解到人有反应与洞察两种思维模式。今天与大家分享我对人的反应模式的体验。"

米尔森指着那两个圈说："显意识与潜意识在反应模式方面存在着一些基本的特点，我们要了解反应模式，先要从了解这些基本的特点开始。"

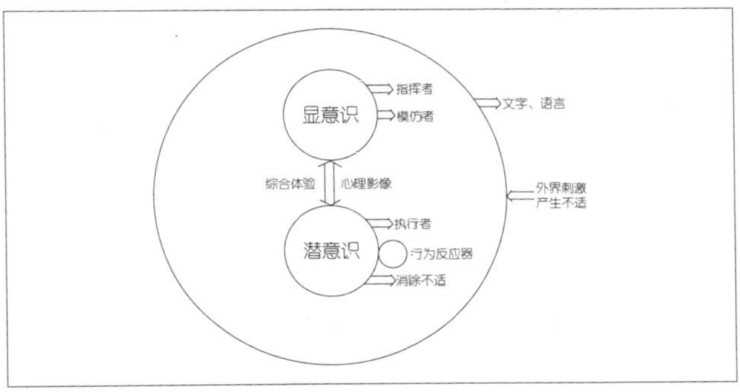

米尔森在显意识的圆圈旁边写上：**指挥者、模仿者**。

"第一，显意识是心理正常的人的指挥者，她有个先天的特点就是'模仿'。开始的时候，我以为这种'模仿'是'学习'，但是随着我对洞察模式体验的深入，越来越发现，我们以往对'学习'概念的认识是不准确的，显意识在反应模式中所谓的'学习'其实是'模仿'。"

米尔森转身在潜意识的圆圈边上写了：**执行者、消除不适、行为反应器**。

"第二，潜意识是忠诚执行者，她有个先天的特点就是'消除人的不适的感觉'，换言之就是始终保持人舒适的感觉。此外，潜意识还有个行为反应器，我们人主要是依靠行为反应器来实施反应的。那么，人的不适感觉是如何产生的呢？"

米尔森在两个圆圈外面画上一个大大的圆圈，在右边用箭头标注：**外界刺激产生不适**。

“第三，潜意识所消除的‘不适’，是来自外界的‘刺激’。这里要明确的是，如何区别外界？意识团队以外的，都是外界。包括我们的身体，对意识团队来说也是外界。这个大家要体会一下。就好比对于一个开车的司机来说，这辆车对司机来说就是‘外界’。”

米尔森接着在刚才写的“心理影像”前边写上“**综合体验**”四个字。

“第四，刚才我们说过，显意识与潜意识之间的沟通语言是心理影像。但是，更为准确地说，显意识与潜意识之间的沟通语言是‘综合体验心理影像’。我们体验一下就会发现，我们潜意识中的各种记忆其实都是影像的。”

说到这里，米尔森举了很多的例子，女孩们听后发现，确实如米尔森老师说的那样，平常指导我们行为的是我们心中的影像。

米尔森继续说道：“而且这种心理影像带有各种各样的情绪。一个喜欢养宠物狗的人心中狗的影像与一个被狗咬过的人心中狗的影像，是截然不同的，不同点不是在于狗的影像，而是在于情绪，前者是宠爱，后者是恐惧。”

内心体验的刺激

米尔森在大圆圈的右上部分用箭头写了“**文字、语言**”。

米尔森说：“最后我们来回答关莹的问题，文字与语言是干吗的？语言不是显意识思考的基本单位，更不是潜意识思考的基本单位，语言与文字只是人在与人沟通时，描述心理影像的工具而已。

“我们平时不大能感觉得到我们的思维是影像，常常以为是语言，其实不是，是影像！我们如果能读一些翻译自中文的外文书，就会发现，外语翻译家在翻译中文的时候，其实是在用外文字翻译中文背后所表达的影像，举个例子，比如‘八卦’，有的外文翻译就是宇宙中所包含的八种元素，这八种元素就是中文‘八卦’背后所包含的影像。

“我们这里有精通外语的吗？真正学会外语的，不是记住外文单词与中文单词之间的直译意思，而是懂得直接用外文单词去表达心中的影像。真正懂外语的人，对外语单词的理解是一种影像、一种状态。所以，我们的英语老师都要求学生用英语字典，这样更能提高英语水平，因为在英语字典里，都是在解释一种影像。谁把几本字典翻烂，他的英语水平就应当差不了了。而那些只背单词的人，仅仅只是为了考试通过，对英语只是一知半解。这个我们自己可以去体验一下。”

米尔森停下让大家思考了一会儿后接着说：“了解了上面这些基本特点，我就可以与大家分享对反应模式的体验了。”

然后他突然发问：“大家有没有看过韩剧《爱你千万次》？”

Judy、安妮、Fela都说看过。关莹看过开头几集，因为不喜欢男主角就没看下去，关莹也喜欢看韩剧，标准是男主角要帅。

米尔森又问：“其中，女主角替人代孕生子的戏大家还记得吧？那家人家一定不让亲生母亲喂孩子第一口奶，知道是为什么吗？”

Fela说：“后来还是喂了，里面说，给孩子喂了第一口奶，那孩子就不肯吃其他的奶了。”

“对！”米尔森说。

关莹心里很纳闷，不会是米尔森老师也喜欢看韩剧？没搞错吧？大男人看韩剧，细节还记得这么牢，还拿来上课，关莹心里觉得好好笑。

只听米尔森在继续说道：“知道是为什么吗？

“这就是婴儿潜意识在发挥作用的结果。人出生后失去了母体的营养供给，身体就会有需要营养的刺激，我们把这种刺激称之为‘饿’。当潜意识第一次感受到这种饿的刺激的时候，它是不知道如何处理的。因为显意识这时也不知道该给潜意识下什么指令，这个时候显意识就会很焦躁不安，身体的不适程度会越来越高。潜意识能消除这种不适感的唯一办法，就是用先天就会的‘哭’，用哭来降低不适的感觉。”

米尔森说到这里岔开了话题：“对于这一点，女性可能很有体会吧？不开心的时候就容易哭，哭完就会觉得舒服一点，‘哭’是潜意识消除人不适感觉的最基本反应。”

有人笑嘻嘻地应着：“是！”

“米尔森老师这是性别歧视呀。”

米尔森笑着说道：“婴儿哭了，会有什么结果呢？”

“妈妈就会给他喂奶，对吧？”

“好，就在婴儿吃奶的过程中，婴儿潜意识的行为反应器发生了一次重大的变化。”

米尔森显然想让女孩们注意到一些细节，于是用一种很慢的语速讲道：

“婴儿的潜意识，在吃奶的过程中感觉到，他饿的不适感消失了。伴随着这种不适的感觉消失，他记住了那个奶的口味，记住了给他喂奶者的体味与声音，记住了被拥抱的皮肤感觉，记住了吃饱后愉悦的体验以及他天生就会的吃奶动作。所有这一切，就是一个完整的、对于消除饿的不适感的**‘综合体验心理影像’**。

“等到下一次婴儿的潜意识又接收到‘饿’的刺激的时候，如果换人给他喂奶，或者喂牛奶，他的潜意识会把新感觉到的体验与行为反应器中的综合体验心理影像进行对比。对比的结果如果一样，婴儿就实施吃奶动作的反应；如果不一样，婴儿就不会实施吃奶的动作。因为，吃奶动作是存在于行为反应器中的综合体验心理影像，对比结果不一样就不会发生行为。而且还伴随着情绪，婴儿会焦躁不安，奶头硬塞嘴里都不会吃。时间长了，饿的不适感不断提升，婴儿的潜意识就会再次选择‘哭’来降低饿的不适感。这也就是《爱你千万次》中不让代孕母亲喂孩子的原因了，因为人们很早就发现了这一现象，婴儿喂过一次奶，第二次如果换人了，婴儿就会拒绝进食。

“这种例子很多，有的产妇因为生下孩子后不能马上给孩子喂奶，而是喂了牛奶，结果后来再给孩子喂母乳，那孩子就不愿意再吃母乳了，只喝牛奶。”

Fela突然冒出一句：“看来，婴儿分辨不出牛的奶。”

大家听明白后纷纷笑了起来，是啊，婴儿就算吃了牛奶，也不能保证吃的牛奶都是来自同一头牛。

Judy笑着说：“大概是添加剂太多了吧，奶粉的味道都一样了。”

研讨室的气氛突然轻松了起来。

米尔森喝了一口水，没理会女孩们的嬉笑，继续说道：“人在出生之后不久的一些现象，很清楚地告诉了我们，潜意识是如何发生作用的。让我们随着他们成长的轨迹继续追寻潜意识发展的过程。

“人在婴儿阶段，视力还没有发育完成，而且主要的任务是快快长身体，所以这个阶段主要是闭着眼睛吃奶、睡觉。等到稍微大一点，有了视力了，可以抓东西、爬行，他就开始‘模仿’周边所有的事物。

“小孩的模仿包括两个方面：第一，模仿大人对事物的认知；第二，模仿大人的行为。这两种模仿贯穿于人的一生，我们一直在模仿社会对事物的认知，模仿社会认同的行为规范。最简单的例子，女孩们都喜欢按照时尚流行来打扮自己，崇拜明星，这些都是模仿。”

关莹想，是啊，就是老年人也有自己流行的打扮，哦，原来这些都是模仿。

米尔森接着又回到了正题：“这种模仿带来什么结果呢？模仿了大人对事物的认知，结果小孩子的潜意识中学会了各种价值观、知识，在潜意识的行为反应器中建立了‘我想要什么’、‘我不想要什么’、‘这是什么’等等的综合体验心理影像。模仿了大人的行为，结果小孩子的潜意识中，就建立了带有行为的综合体验心理影像。”

米尔森停顿了一下，又继续说道：“人的行为反应器中有了综合体验心理影像以后，如果再遇到相同外界刺激的时候，人的身心又会产生不适的感觉，潜意识为了消除这种不适的感觉，就在行为反应器中寻找相应的综合体验心理影像。如果找到了综合体验心理影像，就会作出相应的行为反应，消除不适，表现出愉悦、满足的情绪。如果找不到综合体验心理影像，就会表现出焦虑的情绪——否定、不安、不满等情绪，随着焦虑程度的不断提升，小孩子会选择'哭'，而成年人可能寻找各种各样宣泄情绪的做法，高声叫喊、骂人、打架、攻击别人都是宣泄情绪、降低焦虑的方法。如果没有找到综合体验心理影像，但是有疑似的，就会归类到相似的综合体验心理影像，并作出相应的行为反应，消除焦虑，表现出愉悦、满足的情绪。"

米尔森接着说："这种模仿的过程中，不断产生了综合体验心理影像，并放入了潜意识的行为反应器中。这会带来什么样的变化呢？"

米尔森停顿了一下，用目光扫视了一遍女孩们："人的行为反应器不断地充实、扩大，结果是，行为反应器里装的内容逐步接近了社会对所有事物的认识，社会对所有行为的规范，并都伴随正面、愉悦的情绪。有了这样行为反应器的人，就能应对处理各种问题。就好比安装了软件的电脑可以运行了一样。"

米尔森一边说，一边以刚才画的行为反应器小圆圈的最右边的点为基础，不断地画出一个一个更大的圆圈，直至把整个潜意识的圆圈都覆盖了。

"到最后，当我们认为一个人成熟的时候，这个人的行为反应器就非常大了，也就是我们平时常说的阅历、经验丰富了。人逐渐越来越依赖这个强大的行为反应器来管理我们的行为，管理我们的思维。我们的喜怒哀乐、七情六欲都来自这个行为反应器。我们平时说的学习并不是真正意义上的学习，而是模仿，通过模仿不断地充实我们的行为反应库。"

米尔森指着白板说："这个模型结构，就是我体验到的反应模式。"

米尔森看到学生们的反应，知道一下子说得太多了，她们还没有完全理解，又很详细地从婴儿吃奶的案例开始说了一遍。

女孩们显然还没有完全理解，纷纷提出了问题，米尔森进行了回答。这样来来回回大概半个小时，女孩们有点理解了，眼睛里流露出兴奋的光芒。

米尔森看到大家理解了，于是又提出了问题："大家对这种反应的模式了解了吧？那么，你觉得这种模式的价值在哪里呢？我给大家十分钟的思考时间，一会儿我们回来讨论。"米尔森说完，走了出去。

洞察思维

十分钟后，米尔森回到了教室。

萨丽雅第一个举手进行了发言，她说："这种反应模式的模仿特性，很适合群居的、社会化的属性。群体内进行模仿，我没有仔细想，大概会有这样几种结果吧：能够建立群体的文化特性，能够建立信仰，能够树立权威，能够积累经验……

"大概就这些，因为没有细想。那么，这样会带来什么结果呢？很明显，这个群体能够在恶劣的环境中稳定地成长，抵御风险的能力大大提高。文明得以积累与传承，不过时间长了就容易变成传说，越到后面越'知其然不知其所以然'，后面的人再一味地进行模仿。

"这么说着，我突然又有了新的认识。有句古话叫做'民可使由之，不可使知之'，对这句话我突然有了新的认识。民，其实不是一个个体的概念，而是一个群体的概念，在群体中这种模仿模式可以保持群体的稳定，如果都不模仿了，都标新立异了，那么这个群体也就不稳定了。在以前的原始社会的环境中，生存概率本来就很低。因此'民可使由之，不可使知之'，让民更多地模仿，群体就趋向稳定。所以，汉武帝'罢黜百家，独尊儒术'是很有道理的……"

也许发现自己说得太多了，萨丽雅突然打住了说："不好意思，没有细想，是不是有点跑题了？”萨丽雅是个公务员，说话已经有些小官腔了。

所有的人对萨丽雅的回答都有点诧异。米尔森没想到短短的十分钟，萨丽雅就有这样的感悟，看来这些学员已经开始不知不觉地用潜意识进行洞察了。

米尔森说：“没有关系，想到什么就说什么。在这里我希望大家能开放潜意识，畅所欲言，这样是最好的洞察力体验。”

安妮接着说道：“我是这样看的，与大自然中所有的动物来对比，人类的进化度、社会性是最为先进的，所以人类的系统要比其他生物系统远远来得复杂，生活在这么一个复杂的系统中，人的这种反应模式，可以大大缩短我们学习的时间以及提高行为的效率，这样能适应人的系统。”

大家纷纷发表自己的观点，都说完了，纷纷把目光转向了米尔森，米尔森觉得女孩们的洞察思维模式已经打开，自己没有必要再多说，这样对学员的思维模式是最有帮助的。这时最需要的是给予大家鼓励与认同，加强学员的自信心。

米尔森说：“大家发现没有，你们已经开始不自觉地使用潜意识思考了，你们的答案很有洞察力，很有深度，很好！保持这种感觉，让我们继续！”

米尔森继续问道：“那么我们再来思考一下，这种模式带来的问题是什么？”

这次Judy抢先发了言：“从米尔森老师画的这个结构图就能发现，这种反应模式是有点问题的。”

Judy指着白板说：“你们看啊，我们以往所倡导的学习，其实就是在不断地模仿，不断地扩充行为反应器，行为反应器越来越大，最后成为了人的主宰。显意识与潜意识的真正作用越来越小了，显意识充其量就是一个领航者，说得不好听点就是一个导盲犬的角色。潜意识本身几乎就不发挥作用了。这样的模式对群体来说是很有价值，对个人来说价值可能就不太大。最多让你成为一个与大家一样的人。"

Fela接着说道："Judy说得很对！这种反应模式在一成不变的环境里，对个人也许还是管用的，但是在快速变化的环境里，这种反应模式就会有问题。因为在一成不变的环境里，'行为反应库'中的内容与环境相对应，两者是匹配的，所以问题不大。但在快速变化的环境里，'行为反应库'中的内容与环境就没法相对应，两者是不匹配的。所以，这种模式就会有问题。"

米尔森问道："那该怎么办呢？"

显然Fela还没有想到这一步，她有点语塞。

Judy替她回答了："那就要加快模仿的速度，也就是我们所说的学习的速度。"

米尔森反问了Judy一句："那么，模仿的内容从哪里来的呢？"

关莹心中明白，这是米尔森老师在引寻学员思考，答案其实很明白，就是洞察，不过关莹没有抢着回答，而是笑盈盈地看着她们。

Fela突然笑了，说："那不得靠洞察思维吗？在一成不变的环境里，可能只有极少数的人会有些洞察思维，其洞察的结果就是其他人模仿的对象。而在快速变化的环境里，就需要有更多的人会用洞察思维。"

米尔森微笑着点点头，把目光移向了关莹。

关莹其实并没有很在意大家的讨论，而是一直沉浸在内心的激动之中，见米尔森老师看她，就说："三个月之前，我原来的公司组织过一次培训，有个老师讲，生活在今天的人，要有真正的自由精神以及独立思考能力，当时听得似是而非，没有搞懂。米尔森老师今天的课，让我理解了这两个概念。什么是真正的自由，什么是独立思考。"

关莹的话引起了所有人的兴趣。

关莹继续说道："米尔森老师画的这张图让我明白了，在反应模式下，我们人是行为反应器的奴隶。我们的显意识受到行为反应器的影响，有了情绪的作用，就让人无法自拔，深陷其中。我们做什么、不做什么，都是以情绪为标准，也就不存在自由了，也根本谈不上独立思考。而且整个反应模式就是不断地模仿，根本就没有独立思考。”

关莹有点不好意思地看了一眼米尔森老师说：“我又有些瞎联想……”

米尔森说：“说说看，大家分享。”

其他女孩纷纷说：“关莹，说说吧……”

关莹见大家愿意听就继续说道：“不知道大家感觉到没有？反应模式会让人变得越来越……我不知道我用的词对不对，会让人变得越来越‘恶’。”

“哦？呃？！”女孩们发出了惊讶的声音。

“是的。”关莹说。

“你们看，我们潜意识的特性是消除不适，我们显意识有个特性，是模仿，这两种特性相互作用，会带来什么结果呢？显意识模仿了很多以我为主的价值观，而且把这种价值观转变成了带有情绪的心理影像存储在行为反应器中。有了这种价值观，在生活、工作中是很容易受到伤害的，这种伤害就是外界的刺激。行为反应器中如果没有对应的综合体验心理影像，显意识就会到环境中去寻找和模仿。对付这种伤害的方法，往往是自私自利的，反击加害方的，是带有很大恶性的。这种反应模式的循环作用，其结果就是我们行为反应器的恶性越来越大，不仅仅是个人的恶性越来越大，整个人群的恶性也会越来越大。”

“是啊！”大家对关莹的话很惊讶，发现确实如关莹说的那样。

关莹见大家有兴趣听，就继续：“由此，我联想到了人的生命价值，如果我们人一生都生活在反应模式中，其实我们根本不知道什么是生命价值，我们现在所了解的很多价值观，并不是我们自己发现的，比如追求事业成功、婚姻幸福、功成名就，这些都是我们模仿来的。这样的人即使事业成功了、婚姻很幸福、功成名就、地位显赫，其实也是糊里糊涂、懵懵懂懂，并不知道生命真正的价值所在，只是用了自己一生的时间与精力，去完成了大家认同的价值，但这个价值未必就是你自己真正的价值。所以，我觉得就像刚才Fela说的，想要有一个有意义的人生，还得开发人的洞察模式……”

米尔森听了有点震惊了，关莹刚才说的这两个方面，居然是他从来没有想到过的，这给他带来了很大的启发。

米尔森用一种兴奋的目光扫视女孩们，说：“很好，大家在这么短的时间内，就有了这么深入的感悟！要记住刚才思考时的感觉，这一定是大家在洞察模式中的结果。”

米尔森真的对这班学员感到十分惊讶，他还没有开始对她们进行洞察模式的辅导，她们已经能够进入了。

米尔森接着说道：“反应模式是我们人最主要的一种心理认知——行为模式。绝大多数人，在绝大多数时间里，都是处在这种模式中的。对这种模式进行体验，对于我们在职场中、生活中取得成就是十分有意义的。比如，我们了解了人的反应模式，那么在与人的沟通和交往时，就要明白：不要只考虑自己的情绪、感受，而是要充分了解别人的反应。什么意思呢？大家想过没有，我们与人沟通的真正目的，是为了别人在与我们沟通后，能够按照我们的意图发生相应的行为，不是吗？”

见大家点头，米尔森接着说道：“如果是这样的话，那么，你在与人沟通之前，先充分考虑对方行为反应器的反应，再决定你该如何与人沟通，那么这种沟通一定能达到你的目的。

“很多人沟通失败的主要原因是，在沟通时从来没有思考过对方的反应。因为他自己的沟通本来也是一种反应。结果怎样呢？那就达不到沟通的目的。一个具有洞察力的人，讲话与沟通是截然不同的两个概念，讲话只是一种反应，想到什么说什么，而沟通则是一种控制别人反应的方法。”

关莹突然想，这不是和做广告一个道理吗？是啊，了解了人的“反应模式”就能做更能打动人的广告了。

关莹正想着，就听米尔森又说：“彻底感悟与洞察人的反应模式，能够帮助你有效驾驭别人的行为反应，让人开开心心地、心甘情愿地作出你希望的行为，同时也能够有效驾驭你自己的行为，让自己作出合适、正确的行为，这对一个希望在职场中攀登高峰的人来说，是一项十分重要的技能。”

Fela举起了手，见米尔森点头，说：“米尔森老师，那是不是意味着在职场中，我们要让自己处在‘洞察状态’，而不要处在‘反应状态’？”

米尔森说：“是的！我们课程的目的，就是帮助大家认识到洞察模式的存在，并能在职场生活工作中进入这种状态。”

这天下课的时候，米尔森老师给大家留下了下一个讨论话题：**世界是什么样的?**

Part 05

透过现象看本质（第3课）

烦躁——平静——走神

第二天下午1点，关莹被一阵手机铃声吵醒了。原来是艾米来电，她让关莹去一下服务中心……

昨晚的课，给关莹带来很大的冲击。下课后她一直沉浸在自己的思绪之中，越想越觉得米尔森老师讲得有道理，虽然“模仿”、“行为反应器”、“综合体验心理影像”这些概念是第一次听到的，但是，认真体会一下自己以往的经历，发觉还真是那么一回事。

最让关莹深有体会的是，自己的很多技能、习惯甚至是疾病，都是自己模仿来的，都用综合体验心理影像的形式存在于行为反应器中。

比如，书法是上学前被爸爸逼着学的。因为是被逼的，所带的情绪是痛苦的，是和被老爸打屁股、教训的痛苦体验紧紧相连的。因此上学后，并不喜欢书法，一直到了高中，遇到那个帅哥物理老师，开始跟着模仿瘦金体，从那以后，写字才有种很开心的酸酸甜甜的感觉。

再比如，自己还是一个小丫头的时候，总是喜欢跟在又漂亮、学习又好的表姐屁股后面，她做什么，自己也做什么，表姐会画画，自己也学会了画画，甚至还学会了表姐的鼻炎。表姐有鼻炎，总是带着一块手帕擦鼻子。结果关莹也学表姐带着一块小手帕，总也想从鼻子里擤点什么出来，结果慢慢地就有了鼻炎了。表姐的鼻炎是遗传她父亲，关莹家里谁都没有鼻炎的，而且用药也治不好。后来表姐一家移民加拿大，自己也长大了，有了新的偶像，结果鼻炎在不知不觉中就好了。现在明白了，鼻炎一定是模仿表姐的结果。

米尔森老师昨天最后的话，让关莹更是感到从来没有过的冲击。

关莹从小到大都是学生干部，少不了与老师、同学打交道。她发现，她有很多次好心办坏事的经历。听了米尔森老师的课，她明白了，那都是她从自己好心的角度作出的反应，没有考虑对方的反应。所以即使自己是好心，可是对方并不会理解，对方也是直接作出反应，结果是好心办坏事，好心没好报。现在看来还是自己幼稚啊。

心里越来越明白，不过关莹的心中又出现了一种矛盾的对话。一个说：女孩弄得那么明白，还是女孩吗？把男孩子都吓跑了。一个说：今天这个社会，不管是男人还是女人，都是作为“人”存在的，只有作为“人”获得了成功，才会有幸福的女人或者幸福的男人。

这段对话声音在关莹的心中出现了很长的时间，很多时候关莹站在第一种声音中。直到关莹对这两种声音进行了分析，她才发现，第一种声音是自己的反应，是这个社会对女性的认识，这并不是自己的真正的认识；而第二种声音是自己的洞察。之后，关莹站到了第二种声音中。

就在这种回忆、反思中天亮了，关莹不但没有睡意，反而更精神了。于是去了七楼健身中心，一直跑步到9点才觉得有点困了，回到房间一觉睡到下午，如果不是艾米的电话，她一定还会睡下去。

关莹把自己装扮完，去了服务中心。

艾米给了关莹两样东西。

一样是一张明天晚上和平影都的电影票，是3D的《阿凡达》，并说这是米尔森课程的一部分，不要缺席。关莹心想，看《阿凡达》当然不会缺席了。上米尔森的课还给电影看，真好！

还有一样，是一张求职申请表，艾米说，希望在上海找什么工作单位、什么职位，可以填在这张表格上，服务中心会根据她的要求给她推荐的。

谢过艾米，出了服务中心，关莹一下子觉得好饿，其实早上健完身已经很饿了，只是觉得更困于是就睡了。

关莹来到会所，见临湖位置上还有一个空位，就坐了下来，要了一份七成熟的牛排、一份浓汤。

一口气吃完，觉得太油腻了，没要咖啡，点了一杯龙井。

关莹很喜欢看着杯中茶叶慢慢沉下去的样子，一边看一边开始想，该找份什么样的工作呢？

仔细地想了想，关莹有种感觉，听完米尔森老师的课，估计干什么都行，干脆等听完米尔森老师的课再说吧。关莹把表格放在一边，开始思考米尔森留下的问题：世界是什么样的？

关莹从之前三节课的感受来看，米尔森老师上课的特点不是“他讲你听”，而是“他问你想”，上米尔森老师的课，与其说是上课，不如说是在研讨，而且米尔森老师对很多问题并不给出他的答案，米尔森不过是研讨的组织者而已。即使他所说的，也不是用一种权威的方式告诉你，而是采用一种分享加讨论的形式，你可以接受，也可以不接受，更多地鼓励你自己去体验、去感受，这是一种很有意思的授课方法。所以米尔森老师的问题一定是有用意的。

想到这里，关莹准备对这个问题要好好想想，世界是什么样的呢？

对于这个问题关莹一下子发觉自己很无力，不知道从哪里开始去想，这感觉就好像那天问“自己是谁”一样。

世界是什么样的？望着窗外蓝蓝的天空，关莹觉得这个问题就像那蓝天后面的宇宙，是一个很高深、很玄妙的哲学问题。不知不觉中，关莹有点烦躁起来。

烦躁了好一会儿，关莹意识到，这种焦躁不就是自己的行为反应器中没有答案的结果吗？关莹努力使自己平静下来。可是思绪总是不太能集中，一会儿就跑到别的地方去了。

不知不觉中关莹玩起了手机，给在杭州的几个同学发起了短信。下午的时间在来来回回的短信中不知不觉地过去了。

一直到周四的下午，关莹的思绪一直在这种“烦躁——平静——走神”的循环中度过。

这个世界究竟是什么样的呢？

……

世界另外的本质

周四晚上，关莹早早地来到研讨室，发现门已经开了，白板上写了一行字：**世界是什么样的？**关莹想，米尔森老师已经来了吗？

不一会儿，其他女孩也都到了。7点一到，米尔森老师走了进来。才进门就问：“大家能告诉我世界是什么样的吗？”

显然，对于这个问题，女孩们都没有什么满意的答案，又回到了开始两节课大家默不做声的状态。

老规矩，米尔森又让Judy开始回答这个问题。

Judy说：“米尔森老师，您的这个问题还真把我给难住了。世界是什么样的，思考这个问题既可以说太高深，也可以说太幼稚。在高中与大一、大二的时候，好像有过什么世界观之类的政治课、哲学课。说句老实话，学生对这种课最没兴趣听了，感觉这是个没有用的课，就连教世界观的老师，他自己也未必真正懂得世界是怎么回事。据我了解，这种老师在学校里混得也是最差的。”

女孩们听了哈哈笑了起来，在她们印象中好像确实是这么一回事，关莹想了想自己的经历，发现教那些课程的老师，不仅混得不怎么样，而且个个都长得很猥琐的样子。

Judy 接着又说："为什么觉得思考这个太高深呢？真正高深的问题是那些大家都知道是什么，但是不知道为什么的问题。比如1+1=2大家都知道，但是不知道为什么1+1就等于2。'这个世界是什么样'的问题就是一个很高深的问题，我们都生活在这世界里，但是这个世界是什么样的，这还真不知道。

"前一阶段，我听过一个经济学家的演讲：我们想到的都是错误的。我觉得很有道理。结合上节课讲的反应模式以及我工作这一年以来的学习，我发现，不仅我们想到的都是错的，而且我们知道的，很多也是错的。我们学习了这么多年，真正有用的知识，其实我们并不知道，即使在全球范围内，大学体系内教的也是没什么用的知识。真正的知识往往掌握在那些实际操控者的手中，换句话讲，真理只掌握在少数人的手里。"

见大家都瞪着眼睛看她，Judy解释了一下："比如，美联储主席都搞不明白华尔街是如何玩金融衍生产品的，那些真正的金融知识不掌握在美国那些看起来了不起的大学教授手中，而是掌握在华尔街分析师手中。华尔街的真正核心圈子，不是你什么常春藤大学毕业就能进去，而是看你的血统。所以，用我们一般的认知去想一个高深的问题，那是很幼稚的。嘻嘻，所以，我想明白了以后，我想来听米尔森老师的答案。"

米尔森听了以后笑着说："这是一个经过思考的、没有答案的答案。"

安妮有点羞涩地说："我没有Judy想得那么多，不过结果是一样的，我也没有想明白。"

Fela接着说道："Judy说得很有意思，不过我谈谈我的幼稚的想法吧。"

Judy一下子意识到刚才的话一不留心把所有的人都得罪了。她抱歉地扫了大家一眼，低头用巴掌拍了一下自己的嘴。

只听见Fela说："我觉得这个世界包含两个部分，一部分是自然性世界，还有一部分是社会性世界。自然性世界，人的认知与行为是不能改变它的，比如，物理、化学原理就存在于自然性世界中，科学家的观察并不能改变它的结果。还有一部分是社会性世界，人的认知与行为是能改变它的，比如，股评家的评论是会改变股市走向的……"

Fela解释了一下为什么股评能改变股市走向的，大家听了纷纷点头。

Fela接着又说："这个，我就是个大概的了解，详细的我也讲不清，我不是学理科的，要讲清了，得讲到量子力学那儿。我们之前所认识的世界是牛顿力学范畴的，现在所认识的世界已经到了量子力学的范畴，是测不准的，观察者会改变观察结果的。"

米尔森赞许地说："Fela的阅读很广泛，很好！"

萨丽雅原来想和安妮一样地回答，见米尔森表扬Fela，感到了压力， 突然有了灵感，说道："从上一节课讲的反应模式原理来看，这个世界是什么样的？它和我们行为反应器中的世界是相匹配的。也就是说，世界等于我们认知的世界。即使我们对这个世界是什么样的有一些这样、那样的了解，但是最后我们还是依靠行为反应器对这个世界进行反应。"

关莹受到Fela的启发，她也有了答案。见萨丽雅讲完，关莹就接着讲："我的答案不是我的洞察，就像Judy说的，真正的知识可能以我们的智力、悟性是不可能了解到的，我的答案就像萨丽雅说的，来自我的行为反应器。刚才在听Fela讲的时候，我突然受到启发，我换了个角度看世界，其实我们的世界就是四维的，是由时间与空间组成的。"

说到这里，关莹的脑子突然灵光一闪，脱口而出道："就像昨晚看的3D电影一样，空间的剧情随着时间在发展，换个角度来看我们这个世界，我们这个世界很像是一个3D的银幕，我们就是生活在这个银幕中，随着时间而发展……"

见关莹也讲完，米尔森开始说道："这个问题大家说得都很好。这个世界是什么样？与思考者处在哪种知行模式有关。处在反应模式的人们，世界就是他们行为反应器中认识的世界；而处在洞察模式的人们，又因为他所处角度的不同以及洞察能力强弱的不同，又会对这个世界有各种不同的认识。但是，不管在洞察模式中如何不同，所有的洞察者，在洞察世界的时候，世界都呈现出一种基本模型。"

"我们对'透过现象看本质'这句话是不是很熟悉？"

"是！"女孩们在下面积极地响应着。

"这句话很好地揭示了我们这个世界的模型。"米尔森继续说道。

"我们这个世界是由两部分组成的，一部分是现象世界，还有一部分是本质世界。大家昨天都看了《阿凡达》，就像刚才关莹说的那样，就像3D电影的银幕一样，大到宇宙星空、小到基本粒子，我们所能感受到的世界只是完整世界的一部分，是现象世界。"

"昨晚我们看的3D电影，银幕只是整个放映系统一部分，还有一部分是什么呢？"米尔森问。

"是放映机！"女孩们应答道。

"是的，是放映机。"米尔森很坚定地说，"决定3D银幕上内容的，是放映机里的胶片，或者是数码光碟之类的东西。我们这个世界也一样，决定现象世界的是本质世界。一个洞察者要做的就是，透过现象世界的'表象'，洞察本质世界中的'本质'。"

看到女孩们有点明白了的眼神，他又继续说道："3D电影模型与我们这个世界模型只是在结构上很相似，内在关系上还不完全一样。"

"完全能表现现象世界与本质世界内在关系的，是这个图形。"

萤火之光的洞察

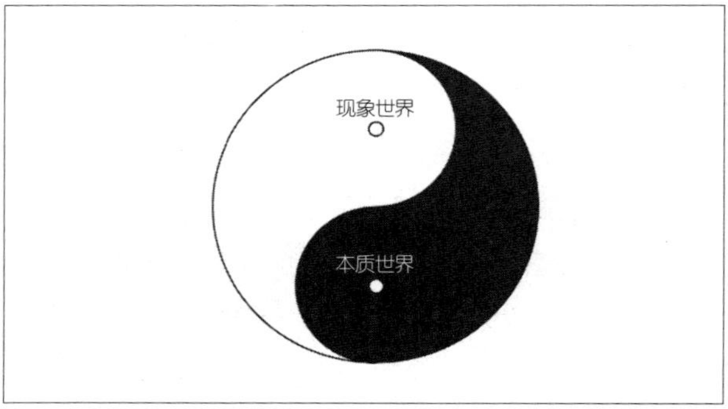

米尔森在白板上画了一个大大的图形。

女孩们一看，呀，这不是八卦图形吗?

米尔森回头问大家：“这个都认识吧？”

“八卦图！”女孩们回应着米尔森。

米尔森继续说道：“不知道我们的祖先在设计这个图形的时候是为了表达什么意思，但是，我发现八卦图形的内在关系，能很准确地表现‘现象世界’与‘本质世界’之间的关系。”

米尔森指着图形说：“我们把白色部分看做是我们能看得到、摸得到的‘现象世界’，把黑色部分看做是我们看不到，摸不到的‘本质世界’。

“这图中下半部分‘黑头’（本质世界圆头部分）与‘白尾’（现象世界的细尾部分）的关系表示，现在的现象世界中一切都是由本质世界决定的。而上部分的‘白头’与‘黑尾’的关系又表示，随着时间的转移，现象世界中发生的事物反过来又会影响将来的本质世界。现象世界与本质世界之间的关系是互为因果、互相影响的。”

“真的，真是这样哦！”女孩们感叹着。

米尔森转过身继续说：“在中华传统文化中，有很多对本质世界的表述，比较著名的老子的《道德经》中就有描述，‘道’、‘一’都是老子对本质世界的描述。”

说到这里，米尔森问大家：“能不能猜想一下，老子为什么用‘道’、‘一’来表示本质世界呢？”

研讨室里陷入了沉静，突然，米尔森看到Judy一个人在那里若有所思地傻笑，就问：“有什么发现吗？”

Judy有点不好意思地说：“米尔森老师，我突然有种感觉，觉得很有意思。从电影的模型来看，决定银幕上内容的是电影胶片，如果我们把电影胶片展开，想象一下，那像什么？”

Judy用目光看着大家，Fela激动地叫了起来，“哦！像条‘路’，像个‘一’。唉！用‘道’与‘一’来表示本质世界真的很巧妙，难道老子那个时代也有电影吗？”

女孩们嘻嘻哈哈地笑了起来。

“不知道，但是，我们想象一下，现象世界中的一切，就好像是走在本质世界这根‘道’上发生的。”米尔森说。

“是啊！”显然女孩们的思路也进入了米尔森的想象中。

女孩们终于明白了，为什么昨晚会安排大家去看3D的《阿凡达》。

米尔森接着说道：“对现象世界、本质世界还有一种表示方法，是直接从视觉的角度来表示的。现象世界看得见、摸得着，古人就用‘色’来表示，本质世界看不见、摸不着，古人就用‘空’来表示。”

米尔森转身指着那个八卦图形说：“八卦图形内在的互为因果、互相影响的关系，如果用‘色’、‘空’应该如何表示呢？”

萨丽雅脱口而出：“空即是色，色即是空。”

所有的女孩差不多都想到了这句话，她们都看过韩剧“色即是空”，但是从来没有想过这句话的意思，今天一下明白了。

研讨室中又热闹了好一阵子，女孩们忽然觉得，那些玄奥的古文字好像一下子变得很亲近了……

“了解现象世界与本质世界的关系对我们的生活、工作有什么意义呢？”米尔森让女孩们热闹了一阵子，自问自答道。女孩们收回心思听米尔森说。

“从我个人的感悟与体验来看，有两个方面的意义：第一不可妄为。不管是在生活中还是在职场中，作为一个希望获得成就的人来说，都不可妄为。什么是‘妄为’？就是凭着自己行为反应器中的情感、欲望、希望、经验去做事。为什么不可妄为？很简单的道理，决定现象世界发生什么的不是我们的情感、欲望、希望、经验，而是本质世界。所以在做事的时候，如果受到情感、欲望、希望、经验的影响，必定要受到挫折。我们人一般都处在反应模式中，所以平时很多的思考其实几乎都是在妄想。懂得了这点，我们就不能妄为。”

米尔森紧接着说道：“于是就有人说了，既然现象世界中发生的一切都是本质世界决定的，那我什么都不要做了。”

米尔森见不少女孩在点头，笑着说：“第二个方面的意义就是，不可不为。人既不可妄为，也不可不为。我们换个角度来看，其实‘不为’是另外一种形式的妄为。该发生的事情就该让它按照事物的本质规律去发生，你如果不为，会影响、改变事物的发生，所以不为也会给你带来挫折。”

安妮提问道：“道家不是提倡无为吗？”

米尔森回答道：“你这个问题很好，你想想为什么是无为，而不是不为呢？

“无为并不是让你不为，而是让你在为的时候，无情绪、无欲望、无经验、无希望，没有这些主观的东西，而是让你按照本质世界的本质去为。

“无为是一种我们在职场中、生活中应该有的做事、做人的基本方法与态度。做事时，不能凭着自己的情绪、感情、经验、欲望去做，而是要洞察本质世界的本质，按照本质去做。这样才能让我们用正确的方式、做正确的事。

“我们体会一下无为，会发现：无为并不是让我们不做事，而是要做更多的事。为什么呢？如果按照事物的本质去做，意味着首先要洞察事物的本质，但是，人是不太能进入洞察状态的，而且就算进入了洞察状态，其洞察能力也有一个发展、提高的过程，所以要按照事物的本质去做，其实是一个不断洞察、不断尝试、不断纠错的过程，在不断尝试、纠错的过程中，逐步把握事物的本来面目，我们的洞察能力也会不断地提高，所以无为会让我们做更多的事。

“我们的洞察力在洞察本质世界时，并不是像打开黑屋子中的灯，一下子照亮整个屋子，而是逐步从羸弱的萤火之光向烛光、手电光发展的过程。”

说到这里，米尔森停顿了一下，看着大家说：“**就我个人的感悟来说，一个人的成就并不是以你有多少钱、掌握多少权、拥有多少知识来衡量的，而是看一个人拥有多强的洞察力。生活、职场是我们锻炼、强化洞察力的场所，财富、权力、知识只是我们不断锻炼自己洞察力的衍生成果。在我们有限的生命过程中不断提升自己的洞察能力，我个人认为，这才是我们能有幸成为一个人的生命意义所在。**”

看着女孩们有些震惊、迷茫的眼神，米尔森笑着说：“成功学里面有个悖论：真正有成就的人，反而是那些对成就没有欲望、能控制住情绪的人。这种例子很多，真正的富豪反而对财富没有欲望，节俭得要命，真正的大官反而对权力看得很淡，真正的学问大家反而很谦虚，不耻下问。这就是因为他得到的财富、权力、知识，不是因为他们有欲望，而是因为他们拥有洞察力带来的结果。我们希望在职场中取得成就，要真正地明白这个道理，成就不是你用欲望、情绪所能得来的，而是你在职场中、生活中不断训练、提升洞察力的结果，这样的成就能陪伴你一生！

“当然，也不能说用欲望就不能获得财富、权力，当然也可以获得。在我们身边就有很多因为欲望而获得财富、权力的人。但是这样获得的财富与权力就不是成就，往往是灾难。很多曾经的成功者因为自己的欲望、情绪而失败，很多曾经的高官，因为自己的欲望、情绪而落马，很多曾经的大师，因为欲望成了伪大师。

“所以，我们希望在职场中获得成就，就是要摆脱自己的反应模式，进入洞察模式，透过现象世界洞察本质世界，把职场、生活当做提升自己的洞察力的训练场。财富、权力、知识不用你去求，它会作为显示你洞察力高低的成果出现在你的身边。”

这堂课结束的时候，所有的女孩都感到异常振奋。关莹觉得，米尔森好像在她的面前打开了一扇门，从这扇门中射出了耀眼的光芒，她非常急切地想跨进这扇门。

Part 06 推开洞察力的门（第4课）

人的洞察模式

周一晚上7点，米尔森非常准时地进了研讨室。

一进门他就问：“有谁还记得上一堂课我们讲过的反应模式？”

Fela第一个把手举了起来，米尔森递给她一支白板笔，说：“画出来给大家看看。”

Fela在画的时候，特意用红笔把行为反应器圈起来。

米尔森问大家：“她画得对吗？”

“对的！”

Fela也感觉到了自己画得难看，有点不好意思地说：“画得太难看了。”

“没关系，画得正确就可以，白板上写东西是需要练的。”米尔森说。

米尔森指着白板说：“这是上节课我们说的反应模式，今天我们来讲洞察模式。”

女孩们听了纷纷自觉地坐直了身体……

米尔森转身指着白板说："大家注意到了没有，在反应模式中，我们的行为反应器已经大到把我们的显意识都包裹了起来，显意识与潜意识的通道已经被行为反应器阻隔了。在这种状况下，人只会反应，而不能洞察。那么我们要进入洞察模式应该怎么办呢？"

米尔森也许觉得画得有些太不好看了，冲着Fela抱歉地说："不好意思，我重新画一个。"

Fela脸上有些泛红，感觉不太好意思。

只见米尔森在边上又画了一个。

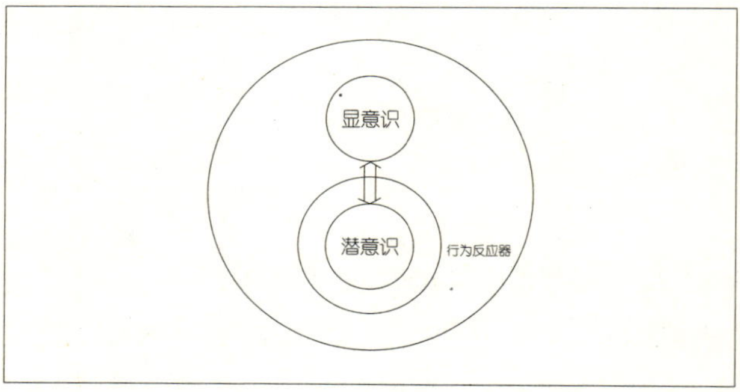

米尔森转身对女孩们说："人，如果要进入洞察模式，我们的显意识就必须突破行为反应器，与潜意识建立联系。我们的潜意识天生具备洞察能力，显意识只要与潜意识建立了联系，就能进入洞察模式。"

看女孩们有了些明白的眼神，米尔森又继续说道："与在反应模式中不同，在洞察模式中显意识与潜意识又扮演了不同的角色。"

米尔森转身又在白板上写了起来。

米尔森写完，指着白板上的图说："在洞察模式中，当人受到外界刺激，心理产生不适的时候，显意识的角色变了，他变成了一个信息收集者，负责收集现象世界中的相关信息。然后，在收集到的信息基础上向潜意识提出问题。他提出的这种问题是一种心理影像，不是综合体验心理影像，因为这种心理影像是不带情绪的。

“而潜意识的角色也变了，他变成了一个对本质世界进行洞察的洞察者。接到显意识的问题后开始洞察。洞察之后，再把洞察到的结果用心理影像的形式反馈给显意识。这是洞察模式运作的基本结构与流程。”

米尔森停顿了一下接着说：“之后的流程是：显意识根据得到的反馈，再下达行为的指令，潜意识负责行为的实施。实施以后，产生了新的综合体验心理影像，再次放入行为反应器。”

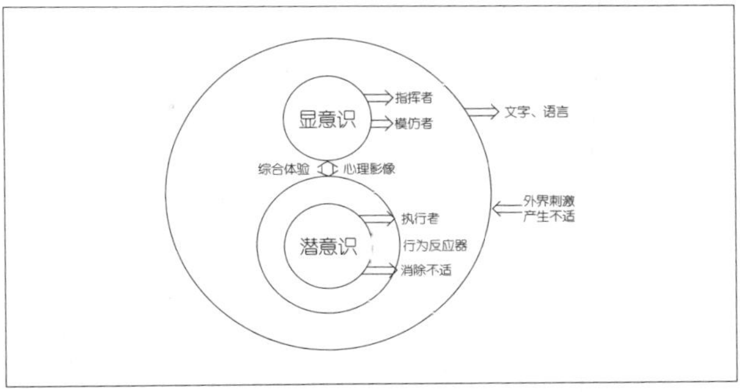

米尔森又在图上画上了代表行为反应器的黑色圆圈。

米尔森接着说道：“人在洞察模式中有一种非常独特的体验：没有喜怒哀乐，没有七情六欲，感觉不到时间、空间，仿佛进入了另外一种时空。我自己经常有这种感觉，很宁静、很祥和，时间好像一晃就过去了。”

关莹听了米尔森说的话很有共鸣，自己在写书法、画画的时候，也经常进入那种状态。那种状态有些时候成了她的“烦恼避难所”，她在遇到特别心烦的时候就去写书法，写着写着，人就不知不觉地会进入米尔森说的那种状态，很祥和、很宁静，也感觉不到时间，写书法很长时间，常常感觉就是一小会儿，原来，这种状态是进入了洞察模式。

这样想起来，关莹发现她的身边有不少人是这样的，她以前在高中的时候，有个睡在她上铺的死党——菁菁，数学特别好，也特别喜欢数学，经常在爬上铺的时候，为了想一个数学问题就停在那里了，保持着爬上去的姿势，一动不动地停在那里，最起码要半个小时，才会回过神来，唧唧呱呱对关莹说她刚才想明白了一个什么问题。开始几次还真把关莹吓着了，上去叫她、摇她都不大有反应，后来知道她在想数学问题也就见怪不怪了。现在关莹知道了，原来菁菁这也是进入洞察模式了。

不自知，不自主

关莹的思绪被米尔森的声音打断了，只听米尔森在说："我们人类之所以能够发展，是因为我们人类有洞察模式，我们能够洞察事物的本质，不断地进行创造、创新。洞察模式是人类真正的智慧所在。"

米尔森突然提高了声调说："但是，很遗憾的是，人类只有很少一部分人，在很少的时间中能够进入洞察模式，平时我们绝大多数人，在绝大多数的时间里是处在反应模式中的，而且即使进入洞察模式，也存在着两点问题。"

说到这里，米尔森总是习惯性地要停顿一下。

"第一，'不自知'。进入洞察模式的人，常常是在自己不知道的情况下，稀里糊涂地进入了，而且即使进入了也不知道自己是在洞察模式中，常常把自己进入洞察模式误以为进入了某种状态。"

关莹听了很有体会，她写书法的时候也不是每次都能进入那种状态，烦恼太多的时候，常常是进不了那种状态的，比如暗恋的老师结婚的时候。

"第二，'不自主'。因为'不自知'，所以也就不能自主地进入这种状态了。没有经过训练的人，想进入洞察模式是存在局限的。有些人在绘画方面能够进入，有些人在文学方面能够进入，有些人在音乐方面能够进入，等等。能够进入的，就有这方面的天赋，有这种天赋的人，就被我们称之为天才。天才在这种能够进入洞察模式的天赋引导下，成为了在这些方面有成就的人。比如音乐家、画家、作家、科学家，都是在他所在的领域很有洞察力的人。但是我们也发现，这些人再有洞察力也往往只在某一方面有洞察力，换个方面就没有了，甚至不如一个普通人。这说明什么？这说明，人是不会自主使用洞察模式的。

“此外，在那些名人的身上，我们还发现不自主使用洞察模式的现象。有个科学机构曾经对很多伟大的科学家进行过研究。他们发现，很多科学家取得成就，往往是在他们很年轻的时候。比如伟大的爱因斯坦、约翰·纳什，都是在非常年轻的衬候获得了了不起的成就。但是，随着他们年龄的增长，他们的知识越来越丰富，他们的创造力却是越来越弱。这个现象用人不能自主使用洞察模式的原理就能解释得很清楚。因为人是不自主地进入洞察模式的，人一旦对某些事物有了新认识以后，这些认识又会被他放入自己的行为反应器中，而他下次在思考同样的问题的时候，很容易受到行为反应器的干扰而进入反应模式，他就会越来越少地进入洞察模式。所以，这就造成了很多伟大的科学家，他们的知识越来越丰富，但是他们的创造力却是越来越弱的原因。”

米尔森讲到这里喝了口水，接着说：“我们认识洞察模式的目的是，通过训练帮助大家能够自知、自主地进入洞察模式。”

“哇……那我们不是要变成很了不起的人啦！”Fela在那里兴奋地叫了起来，“是啊，这不是从来没有人做过的吗？嘻嘻，米尔森老师你太伟大啦！”

女孩们在下面唧唧喳喳地兴奋了起来。

米尔森一点没有被女孩们的兴奋所感染，而是很平静地说：“对人的洞察能力训练，在我们中国自古有之，就是在今天也很常见，很多还是我们经常挂在嘴边的，只是我们不知道它的本来意义而已。”

看米尔森说得这么轻松，女孩们开始迷惑了，本来就有吗？还是我们经常在说的？

米尔森见大家疑惑，就说："中庸大家都听说过吧？"

安妮接口说道："现在国学热，都在谈论这些东西，还有论语什么的。"

米尔森说："中庸，其实就是一种进入洞察模式去做事的方法。"

"啊？！"女孩们第一次听到这种说法，觉得非常新奇。

"是的。"米尔森语气非常坚定地说，"《中庸》有谁看过？记得第二句说的是什么吗？"

萨丽雅接口背到："喜怒哀乐之未发，谓之中；发而皆中节，谓之和。中也者，天下之大本也；和也者，天下之达道也。致中和，天地位焉，万物育焉。"

米尔森见萨丽雅能背出来，很高心地说："这句话中，就很好地定义了什么叫'中'，喜怒哀乐之未发，换个说法就是没有情绪。'庸'又做何解释呢？"

见没人回答，米尔森说："在《说文解字》中，'庸'通'用'，从用，从庚；庚，更事也。这样说来，庸是做事与经历事的意思。中庸是什么意思呢？就是让人没有情绪地做事、经历事。那么，人如何才能没有喜怒哀乐的情绪呢？"

女孩们见米尔森不说了，知道这是要让她们回答呢，纷纷接口说："进入洞察模式。"

"说得很对！真是棒极了！中庸就是让人进入洞察模式去做事、经历事。"米尔森说。

米尔森看女孩们有了兴趣，就延伸开来讲道："其实古文中'道德'与'中庸'是一个意思的不同表述。道德就是洞察本质世界，并按洞察到的结果指导行为。也就是说，道德是我们心里的一杆秤，它会约束我们的行为。大家想想看，这不就是让人在洞察模式中去做事吗？这不就是'中庸'的意思吗？中庸、道德，是不是我们今天经常说起的？经常听的？只是我们今天不知道它的本义了。"

女孩们被米尔森这番解释深深地震惊了！

米尔森接着说："所以说，发现自己的洞察模式，训练自己进入洞察模式并不是什么新奇的事情，在中国古代就有，而且也不是老子、孔子那个年代发现的，他们也只是从他们之前更古的文明中发掘传承下来的。

"运用洞察模式，在中华久远的文明中一直就存在。我们从古汉字'思'的造字结构来看，至少在仓颉造字那个年代，人们就认识到了显意识、潜意识的存在，并且用'想'、'德'、'直'等字来表示洞察。只是在不同的社会历史形态下，它的表现形式有很多种，但是它的实质从来都没有改变过。人类的进步与发展依靠的就是洞察模式。

"中国古代所谓的君子，用今天的视角来看，就是训练自己能够自知洞察模式，能够自主进入洞察模式的人。"

Judy突然说："哦，我明白了，学习国学如果不能明白这个道理，永远只是在国学的表面现象上绕，并不能真正了解国学的真谛。"

女孩们纷纷称是。

Judy 又问："可是这么好的东西，为什么会失传了呢？"

"《中庸》中有类似的回答。大概是说，我们对万事万物失察了，只继承了现成的东西，所以就缺少了创新力。我们从洞察模式的原理也能看出为什么会失传。" 米尔森又指着白板上的图说，"潜意识把洞察的结果再次放入行为反应器中，行为反应器得到更新、强化后，反过来会加强对人进入洞察模式的阻碍，这是一方面的原因。

"还有一方面的原因是，后人对前人的认识加入了自己的理解，这种理解就像是灰尘一样，随着时间的流逝层层地覆盖在本来的面目上，这样越到后来就越不明白了。"

洞察力对我们的要义

米尔森给女孩们提出了一个问题："大家知道为什么中国古文化，

能够在世界历史上领先这么多年吗？”

关莹与Judy同时举起了手，她见Judy也举起了手就赶紧放下了。

Judy说：“听了刚才米尔森老师讲的，这个问题就很容易回答了，我想这也是最根本的原因，一个民族、一个国家的知识分子阶层，如果都推崇洞察力训练，就如《大学》中说的‘自天子以至于庶人，壹是皆以修生为本’，那么这个民族、这个国家的创造力会很发达，它的文明程度也会越来越高，道家的《道德经》、儒家的《中庸》正是中华文明那个阶段的基石。

“反过来，这也是中国文明衰落的根本原因，时至今日，我们都不知道道德、中庸的本来意义了，现代人的洞察能力、创造能力下降了，它能不衰退吗？那是必定要衰退的。”

Judy突然有些深沉地说：“我觉得今天的课对我有很大的意义。之前我看了不少学者的文章，我原来很赞同他们的观点：中国的传统文化已经跟不上今天历史发展的趋势了，所谓的国学并不能拯救中国，中国人需要新的文明才能跟上世界的发展步伐。国学热是中国不自信的表现。

“但是，听了今天的课，我改变了之前的看法，我们需要去学西方的文明（尽管那种文明在历史的长河中是很幼稚、很初级的），我们更需要做的是，抛开那些已经失去生命力的所谓国学，去找寻老子、孔子学说背后真正的东西——去发现、发掘人的洞察能力，试想中国人都能自我感觉到自己的洞察模式，都能自主地进入洞察模式，那么中华民族的创造能力就能重新崛起。

“有些专家学者说中国崛起，首先是由中华文化的崛起。我现在觉得这话有错也有对。说它有错，是因为如果仅靠那些文化的表面东西去崛起，那是不可能的，就像清朝遗老梦想复辟一样，是滑稽可笑的。说它有对，是因为如果我们能了解中华文化的核心是激发中国人的洞察能力，那么这种文化的本质是一定能帮助中国人在世界上崛起的，因为这种文化全世界都会需要、都会向往。”

听了Judy的发言，关莹拍起了手，女孩们也纷纷鼓起了掌，调皮的Fela在那儿一边鼓掌一边跺脚。

米尔森也跟着鼓起了掌："Judy说得很好。在我看来，中国几千年光辉历史的背后，就是我们文化的本质——让人了解自己的洞察模式，训练人进入洞察模式。所以，在几千年的历史长河中，培养出一批又一批拥有洞察力的精英，这样的民族怎么能不强大？这样的民族的文明如何能不辉煌?

"当然，随着对这种文明的认识越来越模糊，被那些表面现象的东西所覆盖的时候，我们民族的创造力也就越来越弱了，文明也开始没落了。"

心急的Fela问道："米尔森老师，那么我们如何才能进入洞察模式呢？"

米尔森说："如何进入？我们后面的课程，甚至在这个课程结束以后，我们之间、你们之间都会分享这个话题。洞察模式对于人来说，不是一扇门，而是一座看不到顶峰的山。不是你进入了，就拥有全部的洞察能力了，而是一个不断提升、不断升华的过程，就拿孔子来说，他十五岁致力于学习洞察力，'三十而立，四十而不惑，五十而知天命，六十而耳顺，七十而从心所欲，不逾规'，达到了洞察力的顶峰。

"如果我们想学习掌握洞察力，这个学习过程将伴随你的一生，它将使你终生受益。所以，在学习如何进入之前，我们更需要作好准备，知道为什么要学习它，学习它对我们每个人的意义、对社会的价值是什么。

"在今天的社会中，每个人都渴望成功、追求成功。但是他们并不知道什么是真正的成功，只是在模仿社会中所谓的'成功'标准。洞察模式是如此的了不起、如此的伟大，所以，只要你能进入洞察模式去面对生活、面对工作，它一定能帮助你，在一群依靠反应模式生活、工作的人中，取得压倒性的竞争优势，一定能帮助你获得成功。"

女孩们听了纷纷点头表示赞同。

突然萨丽雅举手问道："米尔森老师，洞察模式确实是非常了不起的，但是如果女性都太了不起了，会不会成为剩女啊？据我所知，现在社会上的剩女有好大一批都是'白骨精'。"

米尔森看得出，不少的女孩也有同样的担忧，他答道："这是个很好的问题，我们很有必要一起来讨论讨论。我们能不能先来讨论一下，你希望嫁给什么样的男人？结婚以后你承担什么角色？"

被米尔森这么一说，萨丽雅有些后悔了，不该问这个问题的，当着米尔森老师的面讨论这个问题总是有些不好意思的。

女孩们正入神地听米尔森在讲，被萨丽雅这么一问就打断了，也都有些怪她多嘴，看了她几眼。

萨丽雅忙说："米尔森老师，你就当我没问这个问题吧，我放弃。"

米尔森笑道："不好意思和我讨论这个问题是吧？那好吧，就让我来说说看，说的不一定对。"

萨丽雅调皮地说："您就'抛玉引砖'吧。"

女孩们都被萨丽雅逗乐了。

米尔森道："这个问题，我是这么看的：小女孩的白马王子梦常常是美丽而虚幻的，不是来自小说就是来自电影的。去掉那些虚幻的东西，最核心、最基本的一点，就是要有个男孩子来喜欢自己、宠爱自己。等到长大点了，就开始接受社会中的标准，那个白马王子开始变得现实了，身材要高，要有钱。骑的就不是白马了，而是宝马，住的也不是城堡，而是大大的别墅。"

米尔森在白板上画了两个相互匹配的圆。

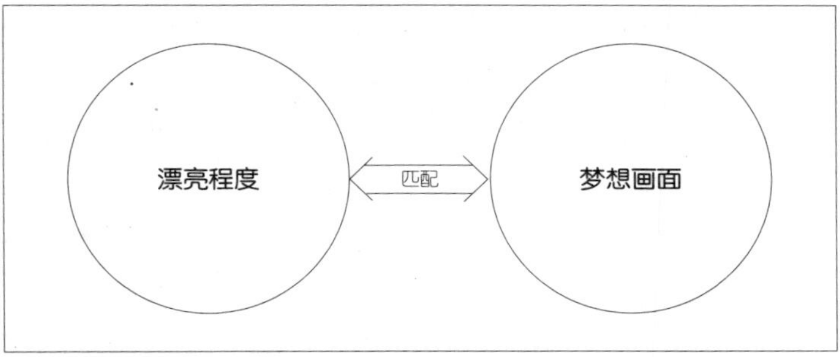

“女孩再成熟点，就会更加现实一点，会拿自己的漂亮程度与自己的梦想画面进行匹配。如果自信自己足够漂亮，那么还会维持原来的梦想画面，甚至是放大它；如果觉得自己不太漂亮，或者说比起周围的其他女性来显得不够漂亮，那么，那个梦想画面就会相对缩小。直到最后，那个梦想画面只剩下有个老老实实的男人，平平安安过日子就行了。”

见女孩们在那里点头，米尔森继续说道：“大家知道白马王子代表着什么吗？”

见女孩们没人回答，米尔森说道：“用今天的话来讲，就是‘富二代’的象征，不仅仅是‘富二代’，更为准确地说，是‘权二代’的象征。”

女孩们心想：“对啊！”

米尔森继续说道：“其实，在全世界的文化中，都有这么一种暗示：

第一，女性要嫁就要嫁有权人的后代，差一点的也要嫁给有钱人的后代。

第二，女性只要长得漂亮，即使穷点也没有关系，照样能嫁给有权、有钱的人。用《红楼梦》中老太太的话说就是——模样要俊，性情要好。

可见，女性们的梦想画面是这种社会文化暗示的结果。”

米尔森又问：“灰姑娘的故事大家一定都知道吧？大家有没有想过，为什么当12点钟声响起的时候，灰姑娘身上所有的一切都打回了原形，唯独那双水晶鞋没有变回去呢？这其中蕴含了什么含义呢？”

女孩们继续保持沉默，她们被米尔森的分析打动了。

米尔森说：“大家想过没有，这双水晶鞋是灰姑娘的毕业证呀！”

毕业证？！女孩们再次被米尔森的话震惊了。

“是的，这是灰姑娘——辛德瑞拉的毕业证。是什么样的毕业证呢？是她经历了挫折与磨难以后的毕业证。灰女孩的故事其实隐含了一个道理，那些‘权二代’、‘富二代’不仅需要年轻漂亮的女孩做他们的妻子，更需要那些经历过挫折与磨难，吃过苦、经受住考验的女孩做他们的妻子。这是因为权利、财富的背后，其实不是享受，不是欲望的满足，而是更多责任与挑战。从这种角度来看‘权二代’、‘富二代’，他们是被赋予了更多责任的一代人，所以，他们只有娶了这样经过磨难考验的妻子，才能帮助他们走好未来的人生路。如果这些‘权二代’、‘富二代’，都娶天使面孔、魔鬼身材、好吃懒做、贪图享受的女孩做老婆，那只会毁了他们。这也就是为什么我们从媒体上经常会看到，几乎所有落马的权贵身后，都有一个或者几个充满欲望的漂亮女人。”

说到这里，米尔森在白板上总结了这样几点：

1. 嫁给“权二代”、“富二代”，这是大多数人自古以来理所当然的首选，所以，想嫁给“权二代”、“富二代”并不是什么见不得人的事。

2. 要正确看待“权二代”、“富二代”，他们是一群肩负更多责任与使命的人，要给这样肩负未来更多责任与使命的人做妻子，首先需要的不是什么美貌，而是要有能经营、协助完善丈夫的能力。所以，只要有这样的能力，任何女孩都能嫁给他们，这与漂不漂亮没有关系。

3. 要成为那样的妻子，就必须经历磨难与挑战。

“大家想象一下，经历磨难与挑战会带来什么结果？”米尔森问。

关莹举起手，说：“感觉应该是能进入洞察模式，可是为什么？我不清楚。”

米尔森说："是的，经历了磨难、挑战以后能进入洞察模式。这是因为在过去，认为经受磨难与挫折是帮助人们脱离反应模式、进入洞察模式的途径。中国古代有'天将降大任于斯人也，必先苦其心志，劳其筋骨，饿其体肤'之说，就是这个道理。所以说，训练自己进入洞察模式不但不会让你成为剩女，而且可以帮助你嫁个'富二代'、'权二代'。从某种角度上讲，女人决定了男人的价值。"

米尔森看了一下表，下课时间到了。他给每个女孩发了一本《职场水晶鞋》，让她们带回去看。女孩们见米尔森似乎还没有讲完，就嚷着让米尔森继续说。

米尔森想了想说："这样吧，我们先下课，我请大家到楼上去吃馄饨，我们边吃边聊。"

女孩们一听纷纷赞成，跟着米尔森上了顶楼。服务员给他们拼了两张桌子，让大家坐下，煮馄饨去了。

米尔森继续说："对于针对女孩开发洞察力，我倒是还有些个人的思考和大家聊聊。"

女孩们纷纷手肘撑在桌子上，看着米尔森。

米尔森说："大家想过男女平等会给我们这个社会带来什么结果吗？

"我们原来的社会结构的基本单位——'家庭'都会被重新定义，相对原来男性为主导的社会，女性的作用将会越来越大，未来完全有可能向母系社会的形态发展，是一种新母系社会。女性在社会生活中需要依靠男性的地方会越来越少，女性将会更加独立自主。而且从根本上来说，男女之间的内在吸引度会越来越低，为什么这么说呢？大家想象一下，我们从小到大，男女接受的教育、工作、挑战、成败观是不是都是一样的？这种'一样'带来了什么结果呢？

"假如我们把人的学习、工作过程看做是给人安装软件，运行软件的话，大家想象一下，男男女女的内在软件是不是一样的？不仅软件是一样的，而且这些软件运行的数据库也是一样的。

“这样带来的结果就是，男女之间从内在失去相互之间的吸引力，而只存在外在的吸引力，所以现在全世界的职场中，剩男、剩女越来越多，‘一夜情’也越来越多，根本原因就在于，男女之间缺乏内在的吸引力。

“女性身上有很多女性特有的东西，被我们这种男女平等式的教育和紧张的工作过程给磨灭了，而洞察力却能够很好地帮助女性重新发现自我。要知道女性身上有很多特质，能帮助女性在男性的世界里如鱼得水。需要说明的一点是，我并不是说不要男女平等，而是说要体现男女差异，尤其要保持男女传统的一些特质。”

关莹听到这里明白了，那天Lisa在推介会上给她们做的提报，原来出处是米尔森的，怪不得当时觉得Lisa讲得好有思想。

一会儿馄饨上来了，讲的人饿了，听的人也饿了，每个人一碗大馄饨居然都吃得干干净净。

米尔森走后，女孩们又唧唧喳喳地聊到很晚，两个星期的课程，让这五个女孩突然之间变得亲热了起来，大家纷纷交换了手机号码、即时通信、微博……

Part 07

进入后的沉静体验（第5课）

艾米的好意

第二天一早，关莹健完了身，带着昨晚米尔森给的《职场水晶鞋》去了洗浴中心。

休息区的躺椅非常舒服，躺椅的角度正好适合看书，躺椅的边上还有一个可以伸缩的支架，可以用来放书，设计贴心极了。

躺椅朝向落地玻璃，呈弧形摆了两排，窗外就能俯瞰到茂密的树林。洗毕，关莹在第二排找了一个座位躺了下来，她有恐高症不太敢坐前排。然后向服务生点了一份水果沙拉当早餐，打开书看了起来。

关莹看书有个习惯，先把目录通读一遍，再看看前面的介绍，大概了解了书的主题，再快速翻阅一遍，然后挑选重点认真仔细地读。

这是关莹从画画中悟到的道理。画画之前，一定要在心中对画什么有个总体的想法，有了总体想法，就能自由规划整个画的结构、明暗、虚实。有了这样的总体把握，画出来的画明显要比以前随意画出来的要好，感觉有了生命一样。之后关莹把这套方法用到了写文章、看书、学习上来，发现不管是写文章也好，看书、学习也好，事先对于要写、要看、要学的东西有个全面整体的把握，写起来、看起来、学起来就要快许多。

关莹一直学习很好，她自己知道靠的既不是聪明，也不是勤奋，而是她从绘画、书法这些爱好中学来的方法，让她有着很高的学习效率。比如练书法，写之前就要对自己的身、心、气进行调整，调整好了再动手。她把这种身、心、气的调整方法带到了课堂上，所以别看她上课老是画画、写字什么的，其实她在画画、写字的时候，听课效率远远要比傻乎乎地坐在那里要来得高。

关莹吃完沙拉，舒服地躺在躺椅上，又用身、心、气的方法把自己调整了一下，开始翻书。

关莹工作过一年，已经有些职场经验。原来，《职场水晶鞋》讲的是一套很系统的职场修炼洞察力的基本功，包括做人与做事的方法。关莹觉得很有价值，于是就把书放到书架上，一页一页快速地看了起来。

一边看一边体会，为什么米尔森在这个阶段让她们读这本书。这些做事、做人的方法，只有在了解了洞察模式以后，才有可能去做，如果人还在反应模式中，那只会是“知道而做不到”，所以米尔森老师会在讲完了洞察模式以后，给她们看这本书。

吃过午饭，关莹一点睡意都没有，《职场水晶鞋》被她快快地翻完了，她决定仔细地读“职场练洞察”的章节，拿出了纸和笔认真地做起了读书笔记。

才读了没几页，关莹的手机唱了起来，一看是艾米打来的。

艾米问关莹，上周给她的求职申请表填好了没有。

关莹这才想起来，上周填的求职申请表还没有给艾米呢。忙对艾米说，这就送过去。

关莹回到房间，找到了那张还是空白的求职申请表，去了艾米的办公室。

艾米正在汇总“神奇圈”女孩们的求职信息，就差关莹的这一份了。

艾米对关莹的印象极好，这个有点像胖果冻的小女孩，不仅写得一手好字，还很文静，有一种很特别的书卷气，很善解人意。见关莹急匆匆进来，艾米指指办公桌前的座位让她坐，自己起身去给关莹取了一瓶依云水。

关莹接过艾米递来的水，道过谢，从包里拿出那张空白的表格，放到桌子上。

艾米见表格是空白的，有些惊讶地问：“怎么没填呀？”

关莹忙解释说：“实在抱歉，一直在想米尔森老师的事，把这事给忘了，没及时和你沟通，真不好意思。我是这样想的，听了米尔森老师三个星期的课，我觉得自己越来越有自信了，感觉学会米尔森老师的那套洞察思维方式，做什么都能胜任，所以我就想自己去找工作。神奇圈给我们创造的条件太好了，太顺利了反而缺乏磨炼，所以我想自己出去试一试。”

艾米听了不但没有不高兴的意思，反而很开心地说：“看来米尔森老师的课对你是有效果啊，这是我们最愿意看到的。”

“是啊，米尔森老师的课真的很好。”关莹接口道。

艾米说：“关莹你的想法很不错，我支持你，不过……”

艾米又把那张表格推了过来，说道：“这张表格你还是保留着，自己出去找工作确实可以磨炼自己。但是，你要知道，一个好的工作能带给你的不只是一个职位，还有一个好的圈子，一个符合未来发展趋势的契机。神奇圈提供的工作不是你自己就能找到的，我们很多高级的人脉圈会带给你神奇的力量。所以，我支持你先自己出去找工作去增加些磨炼，磨炼之后，再回来申请工作，我们这里推介的圈子，一般人是想进都进不了的。莹莹，我对你有信心哦。”

关莹很感激地把那份表格收了起来，又和艾米聊了些米尔森老师的事，看艾米的桌子上堆了一堆文件，知道她忙，就告辞出来了。

出了艾米的办公室，关莹顺路拐进了会所，要了杯咖啡，坐到湖边的位置，认真地看起了书，边看边做着笔记……

进入洞察的方式

周四的下午，关莹把“职场练思维”模型全部认真地看完了。一看时间快5点半了，带上晚上课程的用品，出门去了外面不远处的比萨店。

昨晚五个女孩在天台聊天的时候，说前几次为了赶米尔森老师的课，一下班就往回赶，结果都没来得及吃晚饭。于是关莹自告奋勇，说晚上给她们带饭去，说好吃比萨。于是，她自己吃完，又点了两个大比萨、四杯咖啡带去了课堂。

下午6：45左右，所有女孩到齐，抓紧时间吃起了比萨，吃完，才收拾干净，米尔森老师走了进来。

米尔森闻到了比萨的味道，说：“你们吃完东西坐着可不好，影响健康。出去走走吧。”

“不用，不用。”女孩们七嘴八舌地应着。

“听米尔森老师的课，消耗大，不会影响体形，还有减肥的作用。”Fela说笑道。

女孩们嘻嘻哈哈地应着。

“那好吧，我们就开始减肥吧。”米尔森说道。

女孩们被米尔森逗乐了，但是，知道米尔森要开始上课，纷纷止住了笑。

米尔森说：“上次的课我们说了人的洞察模式，今天我们讲如何进入洞察。我们知道，显意识突破行为反应器，与潜意识进行连接，就进入了洞察模式。在洞察模式中还存在着两种结构。”

米尔森转身继续画着，一边画一边说：“为了更清晰地表现这里面的关系，我们把潜意识与行为反应器分开来看。”

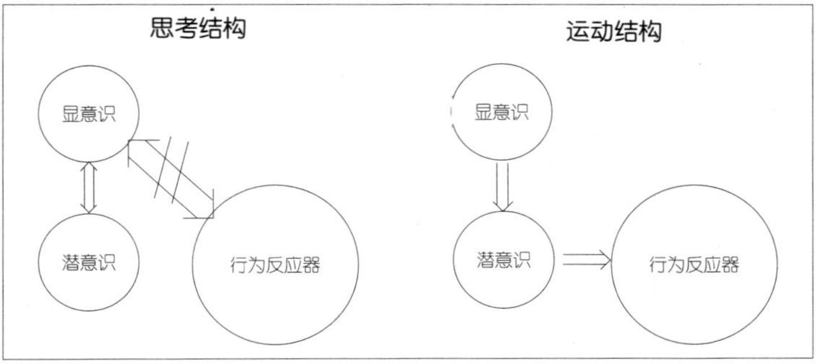

米尔森指着左边的图说：“第一种，是洞察模式的思考结构，显意识与行为反应器脱离连接，与潜意识进行连接，连接之后，显意识与潜意识之间进行问答式的对话，如何进行对话，我们会在下一节课讲。

“人处在思考结构中的时候，基本上是静止的、不动的。这就有个问题了，人在运动时就不能进入洞察模式了吗？”

米尔森又指着右边的图说：“不是的，人在洞察模式中还有运动结构。运动结构就是显意识给潜意识提供信息并下达指令以后，由潜意识直接给行为反应器下达指令，行为反应器根据潜意识的指令进行行为反应。运动结构在那些著名的表演艺术家、演奏家、书法家、画家、运动员身上，常常有表现。”

说到这里，米尔森问道：“这里有喜欢看NBA的吗？”——5个女孩居然都举起了手。

米尔森觉得很惊讶，问：“都喜欢谁呀？”

“科比！姚明！乔丹！‘大鲨鱼’……”女孩们七嘴八舌地回答着。

米尔森说：“看过科比比赛的，大家是不是发现科比有个很奇怪的动作，在暂停休息后，临上场之前，常常会后仰着头把眼睛闭起来，一动不动，好像沉静一样，时间不长，只有几秒钟。”

没等米尔森讲完。Fela就激动地说：“是的，是的，总决赛的时候经常能看到科比的这个动作。”

米尔森问："科比为什么会这么了不起？这是因为他知道如何进入洞察模式的运动结构，进入运动结构在球场上自然就能出神入化。大家发现没有，科比越是到最后时候、关键时刻，他越是神奇，这是因为他越到最后的关键时刻，在有意识地让自己进入洞察模式的运动结构。"

说到这里关莹突然很有体会，特别是自己在练书法的时候，如果老是想着笔画该如何写，结果写出来的字反而很僵硬，不生动。但是，自己放松了，有兴致想写一幅好字的时候，常常能不经意之间写出一些神来之笔，让自己崇拜不已。原来这是自己进入了洞察模式的运动结构，是潜意识在指挥反应器写。

想到这里，关莹举手与大家分享了她的体验。听得其他几个女孩都很羡慕关莹，有个爱好真好。

米尔森说："谢谢关莹的分享。虽然在此之前我们对洞察力没有太深入的了解，但是，有些人还是存在着一些进入洞察模式的小窍门。比如，在思考前，先拼命地玩，玩到身体很疲劳的时候，有时候在困得要睡着之前，有可能会进入洞察模式。我以前有个同事，在想创意的时候，先要出去玩，唱歌、跳舞、打游戏，一直玩到夜里两三点，累到不行了，再硬逼着自己去想创意，常常也能进入洞察状态。也有的玩闭气，日本有个发明家，就是在游泳池里玩闭气，当达到某种昏厥临界点的时候，也能进入洞察模式。但是这两种方式，都是不可取的，因为潜意识的洞察结果是需要显意识进行验证，并不断与潜意识进行沟通的。而这两种方式都无法做到这一点，所以你会发现用这些方式虽然也能进入洞察模式，但是我们仔细观察一下它们产生的结果，往往会发现存在很多问题，幼稚、荒诞。如果我们知道了如何能进入洞察模式，就一定不要采取这些方式。

"但是爱好却是帮助人们进入洞察模式非常好的一种方式。这是因为人在爱好中，能长时间地处在洞察模式中，而且有些爱好，比如关莹刚才讲的书法，能够让人同时进入洞察模式的思考结构与运动结构。

“这个世界上有很多了不起的人都有爱好，比如爱因斯坦喜欢拉小提琴，曾国藩每天必下一局围棋。这些人都体验到了在爱好中进入洞察模式的感觉，他们在爱好中强化自己的体验，然后再运用到其他的方面……

“所以，一个人一辈子的最大财富，是拥有一项爱好。”

Fela转头向关莹说：“关莹，等米尔森老师的课程结束以后，你来教我们书法吧。”

关莹被调皮的Fela说得有点不好意思了。

米尔森接口说道：“这是一个不错的主意，可以考虑一下。”

女孩们纷纷跟着起哄起来。

米尔森发现关莹居然脸红了起来，他觉得在这个年代，女性还会脸红的真是极少。

见关莹脸红，米尔森马上转移了话题说：“刚才说的是，现在已经存在一些进入洞察模式的方法，我再来介绍一种进入洞察模式的方法。”

女孩们把注意力又拉回了米尔森这里。

米尔森走到了大家跟前，将右手放在自己的头顶上，问：“大家能感觉到自己的显意识，是吧？”

“是的！”女孩们认真地回答。

米尔森慢慢把手放到了胸前，问：“大家能感觉到自己的潜意识吗？也就是我们平时说的心。”

米尔森特别强调了一下：“我讲的心，不是心脏，而是内心。”

女孩们没有马上回答，感觉了一会儿，说：“能！”

米尔森又问：“能告诉我，你的心的位置吗？”

Judy说：“我的好像就在胸口这里。”

安妮说：“我的也在那里，但是好像偏左边锁骨的位置。”

Fela说：“我的心好像在喉咙下面一点，在两个锁骨的中间。”

萨丽雅摸着自己的胸口说：“我的像是和Fela一样，在喉咙下面一点，再下面一点。”

关莹感觉了一下自己心的位置，把手放在了胸口：“我的感觉，好像在这里。”

米尔森说：“很好！现在大家感觉到的心是我们的行为反应器的位置。以后大家可以进一步体验一下，当你快乐、愤怒或有强烈情绪的时候，以及当你很平静的时候，心所处的不同位置，这样能更好地帮助大家感觉到心。

“好，现在让我们坐在椅子上全身放松，闭上眼睛，呼吸放缓，加深，而且要慢。从头顶开始想自己全身放松，一直想到自己的手指、脚趾都放松了。”

女孩们纷纷按照米尔森说的，靠在了椅背上，闭上眼睛，想象着自己从头到脚全身放松。

大概过了一分钟，只听米尔森说：“现在我们慢慢地把心往下沉、往下沉、再往下沉，沉到不能再沉为止，感觉就像我们在做垂直潜水一样，朝着无尽的深处潜。”

米尔森提醒道：“记住是心往下沉，而不是显意识往下沉，千万要记住，显意识要保持清醒。”

米尔森看着五个女孩闭着眼睛的脸部表情，从她们的面部表情上米尔森能感觉到女孩们都在使劲往下沉。

大约过了5分钟，只听米尔森说：“好！现在大家把眼睛睁开。”

当四个女孩都睁开眼睛的时候，只有关莹一个人还在那里闭着眼睛，大家都盯着她看。米尔森觉得很惊奇，难道是她沉得太深了吗？这真的很少见，他自己是训练了很久以后，才达到那个程度的。

萨丽雅见关莹还在那里闭着眼睛，以为关莹睡着了，就用手推了推关莹，关莹睁开了眼，见大家都在看着她，这次她没有脸红，而是很平静地看着大家。

萨丽雅冲着关莹说：“莹莹，你也太厉害了，这么一会儿就睡着了？”

关莹知道自己没有睡着，刚才放松以后，她根据米尔森的要求不停地往下沉，往下沉，沉着沉着，她感觉到从来没有感觉到过的宁静、安详，很舒服，很清醒。她听到了米尔森叫结束的声音，但是沉静在那里的感觉太好了，她有点不想回来。后来感觉到有人在摇她，睁开眼睛发现大家都在看着她，但是关莹依然沉浸在刚才那种神奇的感觉之中，这是她从来也没有体会到的，甚至没有理会其他女孩的话。

只听米尔森在那里问："大家能谈谈自己刚才的体会吗？"

Judy说："我沉到心口下面这个位置的时候，就沉不下去了，但是觉得内心很平静，没有平时那种浮躁的感觉了。"

安妮说："我好像沉到心口下面一点的位置，觉得很安详、宁静，不过一小会儿，后来好像心又浮了起来，就七想八想了。"

Fela说："哈哈，我跟安妮一样，沉下去了，不知不觉又回上来了，又沉下去，后面一次时间比较长，感觉挺安静的。"

萨丽雅说："我沉到胸口的位置就沉不下去，感觉到很静。"

关莹看轮到了自己就说："我不知道沉到哪里了，反正是很深、很深的地方，只是感觉很安详、很宁静、很舒服，我还很清醒，没有睡着，很神奇的一种感觉。我还有一种感觉，感觉在心的下面似乎还有一个更为宁静的空间，非常宁静。"

米尔森听了关莹的话，发现自己的判断是对的，这个女孩确实是个很有天赋的女孩，居然第一次就能沉得那么深，她感觉到的那个在心下面的空间就是潜意识的空间。

米尔森见大家说完了，接着道："很好，我们再来做个实验。这次，我们依然坐好，闭上眼睛，全身放松，但是不要让心往下沉，告诉自己彻底放松，什么都不要想，安静地坐在那里。"

女孩们在米尔森的引导下做了起来。坐舒服了，闭上眼睛，全身放松……

这样又过了5分钟，大家听到米尔森说结束的声音，纷纷睁开眼，萨丽雅特意看了关莹一眼，怕她又睡着了。一看关莹与大家一起睁开了眼。

米尔森说："我们再来谈谈自己的体会。"

Judy没说先笑了起来，说："我想让自己什么都别想，让自己静下来，可是就是静不下来，一会儿冒出一个念头，我就跟着想下去了。觉得不对，我要安静，什么都不想，就回来了，可是只一小会儿，就又冒出一个念头，老是在想事。"

安妮有点不好意思地笑笑说："嘻嘻，Judy还回来了，我就没回来。刚静下来，白天单位里的一件事就跑了出来，我就不知不觉地想了起来，直到被米尔森老师给叫醒了。"

Fela笑嘻嘻地说："我和Judy一样，回来了，又出去了，又回来又出去，感觉让脑子什么都不想很困难的。"

萨丽雅说："我也是，越想让脑子什么都不想，脑子里的念头越是往外冒，一会儿一个，一会儿一个，后来我干脆就不管了，就在那里想和男朋友吵架的事了。"

关莹说："我刚开始也是，坐在那里脑子里老是不自觉地想事，一会儿这个，一会儿那个，我知道不能想，要安静，可是就是克制不住，后来，我就把心往下沉了沉，很奇怪，心一往下沉了，人就开始安静了，什么都不想了。"

米尔森见大家说完，说："很好，从前后两次沉静的实验，大家是否发现，当我们仅仅是闭上眼、全身放松，我们人是无法沉静的，而当我们把心，也就是我们的潜意识反应器往下沉的时候，我们就能做到沉静。"

米尔森看了大家一眼继续说："这是因为，我们没有把心往下沉的时候，我们的显意识与行为反应器相连接，我们感觉到的很多念头都是行为反应器告诉我们显意识的。而当我们把心往下沉的时候，我们的显意识与潜意识建立了联系，所以，我们就能感觉到一种宁静。"

看女孩们纷纷点头，米尔森继续说道："这种把心往下沉的练习，大家要经常练，要成为一个职场人员每日必修的功课。这种沉静的状态越深越好。越深，显意识越接近潜意识，也就越接近洞察模式。在洞察模式中进行思考，你的洞察力就会逐步地开发出来。”

见女孩们明白了，米尔森继续说道：“训练自己沉静。可以分这样三步来走：

第一，开始的时候，可以闭着眼睛练习，当我们体验到了那种感觉，可以沉得比较深了以后，就要学着把眼睛睁开，逐步练习在日常状态下沉静。

第二，在需要思考问题之前，让自己能沉静，做到不沉静不思考问题。因为没沉静之前都是反应。但是这其中就有个问题，日常在职场工作中通常都是高压力、快节奏，在这种高压力、快节奏下如何能让自己也能沉静呢？这就需要我们平时不断地训练，强化我们沉静的能力。古人说，‘为将之道，当先治心，泰山崩于前而色不变，麋鹿兴于左而目不瞬。’说的就是一个职场人员在高压力、快节奏下能进入洞察模式。如果一个人在压力面前还能做到沉静，进入洞察模式，这个人才是真正意义上的成功人士。这样的人可以面对任何挑战。

第三，为了能让自己在有压力、有挑战的时候，也能随时随地进入洞察模式，就要不断训练自己进入洞察模式的能力，逐步让洞察模式替代反应模式，也就是让自己一直处在洞察模式中。至少在工作的时候，要让自己一直处在洞察模式中。这样有什么好处呢？

“人如果处在反应模式中，往往容易作出错误的反应、错误的判断，等到你发现就已经来不及了。如果你能在工作的时候，一直处在洞察模式中，就不会有这样的问题。所以我们训练自己进入洞察模式，首先要学会沉静，体验那种感觉。其次，要学会在日常工作中、在有压力的情况下也能沉静，进入洞察模式。最后，学会在工作期间都能处在洞察模式中。”

关莹与其他所有的女孩明白了，三个星期的课程，今天这堂课才是目的地，女孩们感觉到，米尔森老师把她们引入了一个全新的世界。

米尔森的声音打断了她们的思绪，米尔森说："在结束今天的课程之前，我给大家几个建议：

第一，每天都要定时做沉静的练习。而且还要有意识地在有压力的环境下锻炼自己沉静的能力，这种能力会越练越强，这种体验也会越来越强。

第二，培养一种爱好，如果已经有爱好的，要强化它，因为在爱好中我们能很好地体验到洞察模式的状态，它能强化处在洞察模式的体验，大家知道关莹学员为什么能在刚才沉静的练习中沉得那么深吗？这与她学习书法是很有关系的。至于选择什么爱好，大家可以自己去寻找，寻找适合自己的爱好，并让这种爱好陪伴你的一生。

第三，不要有不良嗜好，任何不良嗜好都是影响我们进入洞察模式的。女性喜欢阅读言情小说，这在我看来也是一种不良嗜好，她只会强化女性的反应模式，建立错误观念，深陷其中不能自拔，所以，言情小说对女性来说是个很大的不良嗜好。"

快嘴Fela突然问："米尔森老师，女孩喜欢打扮自己，喜欢购物，是不是也是不良嗜好呀？"

米尔森和女孩们听了都笑了起来，米尔森说："你知道吗？女孩打扮自己、买衣服、逛街是一种很好地训练洞察力的手段。换句话说，女性只有在洞察模式中，知道什么是自己所需要的，不盲目，才能真正把自己打扮得漂漂亮亮的。打扮、化妆的背后，其实是一种在洞察模式下的策略思考，缺乏这种思考，所谓的打扮常常是模仿以及堆砌，做出来的效果并不好。

"女性还可以对比一般设计师与大师设计的时装，学习、体会大师的设计思想。服装大师之所以成为大师，是因为他具有一般设计师所没有的洞察力，从这个角度来看，穿大师的衣服，对你提高洞察力是有帮助的。"

快嘴Fela接口道："为了漂亮，女性都应该来向米尔森老师学习。"

这天的课程在大家的嘻嘻哈哈中结束了。

沉静的体验

送走了米尔森老师，Fela提议大家去吃夜宵，Judy和萨丽雅说吃夜宵会增肥的，女孩们于是约好明天周末一起吃晚饭，然后各自回房间了。

关莹并不想这么早回去睡，于是她又来到洗浴中心。

水池的边上做的像躺椅一样，借助水的浮力可以很舒服地躺着，躺在水中就可以俯视窗外，透着灯光的浓密树荫，因为离床边有点距离，望着窗外关莹并不害怕。

其实，女孩们不想吃夜宵更主要的原因是想找个地方练习刚才米尔森教的沉静。

Judy去了健身中心的瑜伽房。

安妮去了天台。

Fela对自己高标准严要求，去了吵闹的酒吧，她想在吵闹的环境中学习沉静。

萨丽雅也去了洗浴中心，见关莹一个人泡在池子里，也就没去打扰她，冲了个澡，去了休息区。

女孩们都不约而同地开始练起了沉静。

关莹并没有练习沉静，因为她每次写书法之前，调身、心、气，经常会做，所以要让自己沉静并不难。

关莹这时在想米尔森老师，她有点喜欢上了米尔森，米尔森好像给她打开了一扇门，让她看到了一个全新的人生世界，心里不免又泛起了以前对那个留校老师的那种感觉，很甜、很痒……

关莹突然发现，这是一种反应，自己不能沉浸在情绪中，特别是听了米尔森老师的课以后，关莹努力让自己不去想，可是思绪总是把她牵出来，时不时地让她心里暖洋洋的。

她对自己有点生气了，心想瞎想什么呀？——她知道该怎么办了，于是她做起了沉静的练习，不一会儿，心就沉了下去，安静了。

这种感觉很好，关莹想，就这么待着吧。

不知过了多久，关莹的心中突然闪过一个念头，将来的她就是这样的，将来的她将是一个全新的她，心中莫名地升起了一种激动，但一激动就又回到了反应状态。

她深深地吸了一口气，感觉手上有些异样的感觉，原来手上的皮被泡皱了，关莹带着一种从来没有过的高兴心情回了房间。

这一夜，除了Fela，四个女孩都有很大的收获。Fela在酒吧，开始的时候还想在嘈杂的环境中练习沉静，可是，没多一会儿，一瓶啤酒下肚，被边上的音乐一吵，还有几个帅哥一招呼，就忘了来的目的，结果高高兴兴地玩到凌晨3点多。回去的路上才想起是来干吗的，结果沮丧得不行。

第二天下午，关莹一个人去了上海外滩。关莹来过外滩很多次了，没什么好玩的，便顺路逛到了福州路。福州路上到处都是书店、文具店，这些都是她最喜欢去的地方，到书店看看书，再到文具店挑上几支笔，喜欢的就买了。差不多4点半的时候，关莹去了“来福士”楼上，挑了一个吃火锅地方，订好了座位，然后到楼下的星巴克点了一杯咖啡摆弄起刚才买的笔，顺便给四个女孩发了聚会地点的短信。

周末的来福士，门口挤满了等约会的年轻人，星巴克也被挤得满满的，差不多6点半的时候，人都到齐了。

那种小火锅每人面前一个，倒也弄得很时尚，Fela觉得火锅就应该是大伙吃一个锅才热闹，问服务员有没有大锅，见没有，又提出大家一起喝点啤酒。

这里年纪最大的Judy，摆出姐姐的样子说：“不许喝酒！”

Fela学着小沈阳的语气问："好姐姪，这是为什么呢？"

Judy打了她一下，说："米尔森老师昨天怎么说的？不要有不良嗜好。这喝酒就是不良嗜好。"

其他几个女孩冲着Fela说："是滴，不准喝酒。"

Fela装出一副做错事的样子，老老实实地坐到了自己的小火锅前。

女孩们一边吃，一边说起了自己练习"沉静"的体会。

Judy说："我平时上班的时候很心烦的，我昨晚练了很久沉静，效果不错，今天上班前，我从上地铁开始，就有意识地让自己放松沉静，发现睁开眼睛沉静并不难，今天的地铁有一段很挤，我以前会很心烦，今天却一点都没有，很安静，到了办公室以后，一有烦心事，就让自己沉静，结果效果很好，今天一天的工作效率都很高，我们领导还说我成熟了。"

萨丽雅也应和到："是的，我今天在办公室里学着沉静，我突然有种感觉，我以前在办公室里总觉得自己是个小孩子，别人也把我当成小孩子，可是，今天沉静以后，我有种长大的感觉，看别人好像有种看得很清楚的感觉。"

萨丽雅问："对了，我昨晚在做心往下沉的时候，还有一个发现，不知道你们感觉到了没有，有一次我让自己的心往下沉，结果发现都沉到肚脐下面了，我意识到感觉不对，又沉了几次又沉到肚脐下面，而且还能往下沉。试了好几次，才发现那是我的显意识在我的皮肤上的感觉，不是心的感觉。心的感觉是在身体里面的，用显意识往下移是移不动的，只有进入沉静的状态，心才会慢慢地往下沉，一往下沉，人就会感觉到安静，这种感觉很好，不过就是有点累。"

萨丽雅说的这个感觉，大家都遇到过，所以反响很热烈。

安妮说："进入那种状态时间长了，确实有点累，我开始的时候注意让自己沉静，可是后来太忙了，就忘了。"

萨丽雅听了对安妮说："安妮，你把你那份工作辞了，神奇圈里有的是好工作，你那个炒黄金的公司，我总觉得是个黑公司，不知道哪天就黄了，不如和关莹一样，先上完米尔森老师的课，再找工作。”

萨丽雅跟大家解释说，安妮就职的公司是一家专门介绍别人炒期货、炒黄金的公司，这种公司打的是国家政策的擦边球，整天哄人去炒黄金，不知道什么时候就会被取缔的。

聊完了安妮，大家问关莹她今天的体验，关莹说她今天购物了，拿出她的一堆笔，有小女孩喜欢的圆珠笔，还有写书法的毛笔。

看见关莹的毛笔，Judy说：“莹莹你教我写书法吧。”

关莹说：“我自己写得也不好，哪好意思做老师啊？真的想学，要拜个好老师。”

Judy说：“这好老师到哪里去找啊？再说了，上学都有个学前班，你就把我当做学前班的吧，等有点入门了，再去找老师。”

听Judy这么说，关莹只好说：“那好吧，这些毛笔就送给你练书法吧。”

其他女孩见关莹收徒都纷纷也要拜她为师，关莹笑着说：“我今天可没有买这么多笔啊！”

Judy开心地说：“今天这么开心，应该喝点酒才行哦！”

女孩们纷纷响应，一直没有说话的Fela这时开口了：“刚才谁说的？不良嗜好！”

Judy说：“这叫拜师酒，不是不良嗜好，知道吗？”

“这样啊，那就多来几瓶吧。”Fela说道。

萨丽雅突然发现平时最为活跃的Fela，今天还没有说呢，就问她：“你今天有啥收获？”

Fela突然痛苦地埋下了脸，众人纷纷看着她，她抬起头哭丧着小脸说：“昨晚我为了提高练习沉静的效果，直接去了酒吧，结果不知不觉就玩到了凌晨3点多，回去又睡不着，天快亮的时候又困了，结果，今天一天都昏昏沉沉，到晚上才有点清醒了，我的一天给毁了。”

众人听她这么说，哈哈哈笑了起来。

萨丽雅摸着Fela的头说："什么事都要先易后难，不要给自己设置一个不能完成的目标，你会输在起跑线上的，好好反省吧！姐姐们喝酒庆祝，你就别喝了，你昨晚都喝完了。"

瞧着Fela可怜兮兮的样子，关莹递给她一个小瓶的青岛纯生啤酒，说："喝点'还魂酒'吧。"

Fela赶紧接了过去，说："还是关老师对我好呀。"

女孩们纷纷举起了酒瓶，她们心中好像都有一种感觉，这是一次欢聚，也是一次告别，是在和过去的自己告别，在迎接自己进入一个全新世界的门槛。

Part 08

洞察就是发现潜意识（第6课）

进入洞察以后怎么做

周一下午5点多的时候，关莹准备出去吃饭，路过会所的时候，正好遇到会所的主厨，主厨告诉她刚做了芝士蛋糕。芝士蛋糕是她的最爱，虽然知道吃多了会胖，可是只要看到了总是会忍不住吃上一块，为此关莹常常告诉自己不要去会所，眼不见嘴不馋。可是遇到了主厨，被他这么一说，心里的馋虫就又爬了出来，想了想，已经有一个星期没吃了，今天吃一顿应该没事，于是就进了会所。

吃完，觉得实在好吃，于是又点了4份芝士蛋糕、4份蔬菜沙拉、4杯柳丁汁，准备给另外四个同伴当晚饭。服务生见关莹拿那么多的东西，要帮她拿。关莹说："算了，里面除了米尔森老师能进去，其他男士是不让进的，不麻烦你了。"

看着服务生在帮她打包，关莹一下子发现，最近会所里的人比以往多了起来，看样子都是住在这附近别墅里的人，她问服务生："最近生意不错吧？"服务生看了关莹一眼，笑笑没有回答。

关莹到了研习室，才把东西打开，每人一份放好，另外四个女孩就陆续进来了，一看有好吃的芝士蛋糕，还有蔬菜沙拉、柳丁汁等，纷纷夸关莹真会安排，芝士蛋糕有点腻，配上蔬菜沙拉还有果汁，就不怎么腻了。

吃完、收拾干净，才聊了没有几句，只见米尔森手里拿了一把各种颜色的白板笔走了进来。

米尔森一进门就闻到一股芝士蛋糕的香味，随口说道："新做的芝士蛋糕。"

女孩们发出了咯咯的笑声。

关莹听了很惊讶，心想米尔森老师的鼻子可真灵，主厨告诉她，这芝士蛋糕是傍晚时候新做的，居然让米尔森闻了出来，难道米尔森也喜欢吃芝士蛋糕吗？

只听米尔森说："我们已经上了三周的课，之前的课，我们主要讲了发现、体验潜意识的存在以及如何进入洞察模式。真正的洞察力，不仅仅是进入洞察模式，进入以后还需要有系统的思考模式，这样我们才能更好地洞察以及把洞察的结果进行输出。"

米尔森接着说："今天以后的两节课，我们将会讲进入洞察模式以后我们怎么做。"

女孩们纷纷作好了听课的准备。关莹不自觉地把心往下沉了沉，让自己进入很沉静的洞察模式，坐在关莹对面的Judy注意到了关莹，知道她在进入洞察模式，于是她也跟着让自己的心沉下去。

米尔森在白板上画了几个圈，转过身来："在讲进入洞察模式以后怎么办之前，我们先要搞清楚一个问题——我们平时在思考所感觉到的语言文字，与显意识、潜意识之间的沟通语言——心理影像之间是如何转换的？大家看下面的图。"

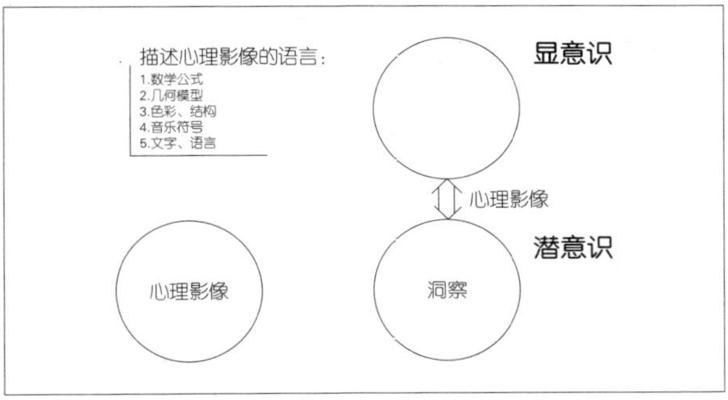

画完图，米尔森半侧着身子说：“其实，显意识对心理影像的描述语言，不仅仅是语言文字，而是有很多种。”

米尔森指着白板说：“这种描述语言包括了数学公式、几何模型、色彩结构、音乐符号、文字等等。

“这些都是显意识对潜意识心理影像描述的语言，比如，科学家用的是数学公式、几何模型；画家用的是色彩、结构；音乐家用的是音乐符号；文学家、哲学家、政治家、军事家、思想家用的是文字和语言。”

看女孩们的眼睛都一亮，米尔森知道女孩们听明白了，就继续说：“那么这里就有一个问题：心理影像不是视觉影像，是一种很模糊的感觉，显意识是如何认识心理影像的？是用描述语言认识心理影像的，还是直接认识心理影像的？”

米尔森说到这里，用征询的目光扫视了一遍女孩们的眼睛，转身又在白板上写了起来，一边写一边说：“这个问题也是困扰了我很久的问题，但是通过我的体验，研究了一些画家、音乐家、科学家之后发现，显意识对潜意识的心理影像有进行解码的功能。他能把心理影像解读成概念与关系，这样能够让显意识很清晰地显现潜意识的心理影像。而且这种解码功能是双向的，他既能把潜意识的心理影像解码成概念、关系让显意识认识，也能把显意识的各种描述性语言归纳成概念与关系，再转化成心理影像，让潜意识认识。”

米尔森转身在代表显意识的圆圈中划成了三份，其中一份就是解码心理影像。

他继续说："显意识具有解读心理影像的功能。在心理影像与心理影像的描述语言之间的就是概念与关系。所以，当我们看概念很清晰、关系很严谨的文字的时候，在心中会形成画面感，就很容易理解。当我们听到概念清晰、关系严谨的音乐的时候，在心中也会形成画面感。我们的这种体验都是显意识解码功能在起作用。"

"哦，原来是这样的……"Fela在全神贯注的状态下，下意识地发出了搞笑的赞叹，米尔森和其他女孩都被Fela这冷不丁的赞叹逗乐了。

笑完，米尔森说："这种概念能力、关系能力不是显意识天生就拥有的，是需要后天训练与强化的。这在一些有天赋的人身上表现得很明显。一些有天赋的人，显意识能够直接很强烈地感受到潜意识的心理影像，但是他的解码功能不行，也就是概念能力与关系能力不行，所以，就不善于表达，这样的人，在一些广告公司的优秀创意人员中比较多，这些人特别有创意，但是不善于表达，笨嘴结舌的，往往脾气还很坏……"

关莹听了米尔森这么说不禁笑了起来，见大家都看她，就说："米尔森老师说得太对了，我以前的公司就有这么一个创意总监，是个奇才，学的是国际金融，而且在一个很大的银行工作，可是就是喜欢创意，结果到了广告公司，创意很好，可是就是说不明白，脾气超坏，大家既喜欢他，又怕他。现在我知道原因了。"

米尔森说："对，这种天生在某一方面具有洞察力的人，往往都有这种问题。而有意识地开发出洞察力的人，就没有这方面的问题。训练概念能力、关系能力非常重要，如何训练我们课上就不讲了，相关内容在我之前给大家的那本《职场水晶鞋》中已经写得很完整了，大家只要按照其中的职场练洞察的模型去做就可以了。"

洞察力就是发现潜意识

米尔森停了一下说："我在这里重点给大家讲解一下什么是'概念'。'概念'现在在我们的社会生活中运用得很普遍，抄概念、玩概念的人越来越多，从另外一个方面来看，概念在我们的认识中已经失去了它本来的面目了。

"什么是概念呢？我这里举两个概念，大家可以体会一下。'哈密啤酒'与'哈密的啤酒'，这是两个截然不同的概念，大家能说一下这两个概念的区别吗？"

大家沉静了一会儿，Judy开口说："我是这样理解的，'哈密啤酒'可以理解为是哈密出产的啤酒。"

Fela接口道："也可以解释为哈密品牌的啤酒，可以是在哈密出产，也可以不是在哈密出产的。我有一次去一个广西靠海边的小城市玩，看到当地生产的一种叫北京的啤酒。叫北京的啤酒不一定是北京出产的，叫哈密的啤酒也不一定是哈密生产的。"

Judy说："对。那么'哈密的啤酒'，感觉上就有两层意思了，浅的一层意思可以是，哈密出产的啤酒，和哈密啤酒是一个意思；深的一层意思就是，在哈密才有的啤酒，到了哈密以外是没有的。这个'哈密的啤酒'带有'真正哈密的啤酒'之意。"

米尔森发现这个Judy对概念的理解能力不弱，赞许地说："说得很对！

"前面这个'哈密啤酒'就是一个啤酒的品牌，后面这个'哈密的啤酒'是'哈密啤酒'的战略概念。为什么是战略概念呢？这就像Judy说的，'哈密的啤酒'包含着'只有在哈密才会有的啤酒'的内涵。我在做哈密啤酒项目的时候，研究了哈密啤酒的原料——大麦、大米、啤酒花和水，我们发现，很多企业哪怕是全世界最为优秀的啤酒企业，除了水是使用当地的，其他原料都是从全球各地采购的。而哈密啤酒，它的大麦是哈密本地出产的，大米也是当地出产的，而且是很好的月光大米，啤酒花也是当地人自己种的，啤酒花公司还是它的控股公司，酿造用水是来自天山的冰雪融水。换言之，这些现象背后，蕴含着这样一个‘概念’：哈密啤酒是全世界唯一的、原材料都出自于当地的、纯绿色的啤酒。就像Judy刚才说的，是真正哈密才拥有的啤酒，是名副其实的‘哈密的啤酒’。

“所以，‘哈密的啤酒’就成了‘哈密啤酒’的战略概念，这个概念不是空概念，而是一个完整的影像，为了保证生产出这种‘哈密的啤酒’，从产业链上实施全程品质控制，从最前面的大麦、大米、啤酒花的种植，水源质量的控制，到生产、加工的质量控制，直至最后到销售终端的产品新鲜度控制，以及其中经销体系的物流控制，保证每一瓶哈密啤酒都能拥有特有的风味。更为重要的是，‘哈密的啤酒’成为了一个管理体系，深入到每一个环节，为哈密消费者创造特有体验与自豪感。”

米尔森看着女孩们入神的样子说：“这就是真正的‘概念’的作用，当一个概念清晰的时候，你会发现，在这个概念下的所有关系都会与之相适应、相协调，从而产生了一个完整的体系，这个概念在这其中就犹如一个统领、一个指挥，能使整个体系变得完整、完美、完善。这就是真正的概念的作用！”

米尔森转身在白板上的左上方又画了一个图形。

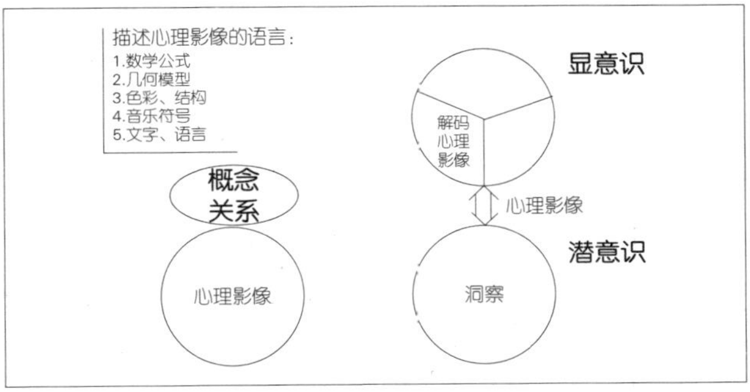

画完，米尔森又对大家说："其实，女性有很多地方可以学习这种概念能力、关系能力。"

米尔森望着大家说："喜欢化妆、打扮、买衣服的同学请举手。"

结果不用说，所有的女孩都举起了手。

米尔森说："化妆、打扮、买衣服就是最好的学习概念、关系能力的方法。"

女孩们听米尔森这么说，纷纷来了劲。

米尔森说："化妆、造型、服饰的设计师，永远分成两部分，一部分是入门的、一部分是没有入门的。这里说的入门不是一般的入门，而是能成为大师的门。你们以后可以去自己观察一下，入门的设计师，不管他设计哪方面的东西，设计出来的东西都是概念很清晰，关系很严谨、很简洁。这些人都是有洞察力的，而且理解概念、把握关系的能力超强。而那些没有入门的设计，不管设计什么，你经常会发现花里胡哨，是一大堆细节的堆砌。他的概念就是没概念，关系混乱。这样的化妆、造型、服饰、鞋、包到处都是。"

"哇，那就得去逛名牌店了。"有个学员在下面感叹道。

米尔森说："名牌店里一定有，但也不一定都是，这就需要你去观察、洞察。大家知不知道，女孩穿衣服也是一种概念与关系能力的训练？”

米尔森的问题又引起了大家的兴趣。

米尔森说：“我们去买衣服的时候，再好的衣服，设计师也不是为你定制的，什么样的衣服适合你，什么样的衣服不适合你，这也在考验你的洞察力。你在打扮自己的时候，心中也要有一个要把自己打扮成什么样的概念。有了这个概念的指引，你就能挑选适合你的概念的衣服、妆容、鞋、包、配饰了，这样打扮出来就会很有型。懂得概念的打扮，能把50元的衣服穿出500元的感觉；没有概念的打扮，能把5万元的衣服穿成500元的感觉。很多漂亮又有钱的女孩，常常穿了一身最新款的名牌，但是，就是让人觉得没品位。这是因为她打扮自己的时候没有概念，这样的人不是在穿衣服，而是‘把衣服挂在身上’，真正的穿衣服，展示的不是衣服，而是借助衣服在展示自己。而把衣服挂在身上，展示的只是衣服，并不是自己，这是有本质区别的。”

女孩们突然发现，原来米尔森老师对女人化妆、打扮居然有这么深的理解。还想听他说，可他突然调转了话题。

“说到概念，大家请看这张图。” 米尔森指着他刚才画的那张概念图。

米尔森：“概念的结构，除了这种形式外，还有一个层次关系。大家想象一下，在这个中心概念的后面还有更深一层的概念，在那更深一层的概念的后面还有更加深一层的概念。”

“大家能想象吗？”

见大家都在点头，米尔森就继续说：“这就好比我们在职场中思考一个问题，你是从个人的概念去看，还是从自己所在的团队概念去看，或是从自己所在的部门概念去看，甚至是从自己所在公司的概念去看。看问题的层次不一样，带来的概念也是不一样的。一般人是很难跳出自己的层次去看问题的，这也就是我们常说的‘屁股决定脑袋’。

“但是作为一个有洞察力的人来说，就不能被自己的位置所局限，看问题一定要有维度，因为在不同的层次，概念关系是不同的，有些概念关系在个人的层次上是个大概念，在团队的问题上就是个小概念，放到部门的角度可能就没这概念了，或者就不是这个概念，而是其他概念与关系了。

“这个看概念与关系的维度，不仅仅是层次的关系，而且还有时间关系。任何概念的发生都有其历史的一面，所以你就必须看到过去的关系；任何概念的发生都有其未来发展的一面，所以你也必须看到将来的关系。”

米尔森说完概念关系，又在白板的右下角上画了一幅图形。

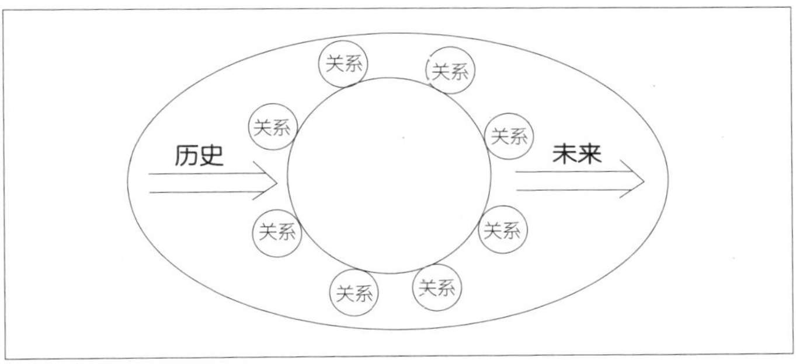

快嘴的Fela说道：“像个眼睛！”

大家一看，果然，米尔森画的图像一只眼睛。

米尔森画完说：“就把它当做是一只眼睛吧，这是一只心眼。记住这只心眼的模型，告诉自己，在看概念与关系的时候，既要有层次，又要有高度和深度，更要有历史与未来的宽度与广度。这样你洞察到的概念与关系才能更客观、更接近真实。”

米尔森喝了口水说：“当你思考问题的时候，能够在洞察模式中运用这个心眼模型来思考概念与关系，你的洞察思维就真正入门了。”

米尔森转身指着白板上显意识那个圆圈，说：“进入洞察模式以后，显意识有一个很重要的工作就是看概念与看关系。”

他写完，指着最后剩下的第三个空说："显意识在洞察模式中第三项工作是什么呢？"不等大家回答，米尔森直接写上"收集信息"。

米尔森突然用一种很认真的语调说："收集信息是一项很重要的洞察基本功。特别是在学习、训练洞察力的初期就必须打好的基础。为什么这么说呢？因为很多具有洞察力的高手，常常因为这项基本功不扎实，结果阴沟里翻船。知道为什么吗？这是因为，当一个人拥有了洞察力以后，他能够从一个很小的细节洞察事物的真相，根本不需要很多的资讯。如果有了多次这样成功的经历以后，他的自信心会大大地提高，特别是在高压力、快节奏的职场中，常常就会忽视信息的收集。

"要知道，我们的潜意识虽然很厉害，具有洞察能力，但是潜意识再厉害，也不能够告诉我们所有本质，因为他到底是人，不是神，他的洞察能力也有一个发展的过程，他也是需要对信息研究后，才能提供相对的答案。也就是说，他的答案准确度与我们提供的资讯成正比。所以，想要提高洞察能力，就必须收集更为翔实、全面的信息，我们要牢记一个原则，即任何正确的洞察结果都是建立在翔实、全面、深入的信息基础之上。"

米尔森突然有了一些迟疑的样子，好像有点不好意思地说："我自己也曾经有过这样的经历。很长一段时间，只要凭借很少信息，就能准确判断出问题所在，并能想出极具创意的方案，结果慢慢就变成了习惯。后来有一段时间，就遇到了瓶颈，开始我没有意识到问题所在，后来就遇到了大麻烦。

"回过头来发现，是因为缺乏信息收集，认识到收集信息的重要性以后，我就突破了瓶颈，并训练自己把收集信息作为一种习惯。确实，洞察的时候不需要太多的资讯，往往只需要一些蛛丝马迹，就能洞察出背后的真相。但是即使这样，还是要有翔实、全面、深入的信息，因为你不知道哪个蛛丝马迹对你是有用的。所以掌握的信息越多，对你的洞察越是有保证。"

关莹突然想到一句话：成功者的成功经验未必能帮助你成功，成功者的失败经验却一定能帮助你避免同样的失败。

关莹发现，米尔森讲的内容不像是什么教科书上的原理、方法，更像是他自己的体验，他在告诉她们的是，他自己曾经经历过的体验，成功的、失败的、发现的、体验的……

内在小孩的惊喜

关莹正沉浸在自己的联想中的时候，米尔森的声音把她拉了回来。

只见米尔森一边说，一边把白板上两侧的内容都擦掉了，留下了中央表示显意识与潜意识的两个圆圈。

“之前，我们讲了显意识在进入洞察模式以后的三项工作与功能。第一，解码心理影像；第二，看概念、看关系；第三，收集信息。那么这三项功能是如何工作的呢？它们的流程是什么样的呢？”

米尔森手上拿了蓝、红、黑三支白板笔，先拿了一支蓝笔，边画箭头边说：

“显意识在洞察模式中思考的时候，首先‘看概念、看关系’，在‘看概念、看关系’的基础上收集信息。

“收集信息以后，有两个流程。第一个流程：把收集到的影像信息直接传递给潜意识。第二个流程：如果收集到的信息是文字的，那么就把信息传递到解码区解码，解码以后再传递给潜意识。”

接着米尔森换了一支红笔，继续边画边说：“潜意识收到显意识的信息后，进行洞察。洞察之后，会把洞察结果告诉显意识，这个时候，人会有灵光乍现的感觉，人会很兴奋，但是这种心理影像是很模糊的、不清晰的，经过解码以后，显意识能够很清晰地看到其中的概念与关系。”

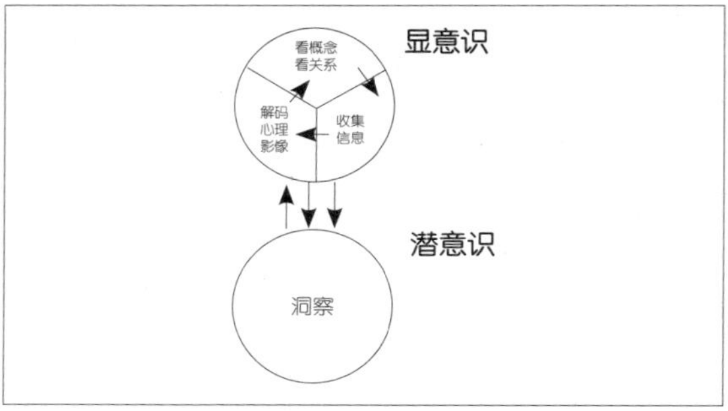

米尔森转过身说："很多稀里糊涂有了洞察力的人以及在洞察力训练初级阶段的人，这个阶段最容易出的问题就是，灵感一来就兴奋过度，结果就出了洞察状态，进入反应状态，越来越兴奋。

"这种兴奋感的本质，是潜意识对显意识的问询。意思是，这个洞察的结果你满意吗？这时候显意识如果受这种兴奋感的影响，人变得越来越兴奋，潜意识就会理解为，显意识对他的洞察结果很满意，他的工作结束了，不用继续洞察了。我以往的体会是，凡是这种兴奋过后，再去洞察这件事，潜意识的反应就非常迟钝。重新进行洞察，往往要过很久以后才能恢复对这个问题的洞察。所以，一旦出现了兴奋感，显意识一定要控制住，控制住了，潜意识就知道关于这个问题的洞察还没有结束，他会继续接受显意识的问题，进行洞察。其实，第一次的洞察结果只是一个半成品，离结果还很远很远，所以一定要控制住自己的兴奋感。"

"还要注意一点，"米尔森补充道，"当我们有了一些初步洞察结果的时候，有的时候是需要与别人沟通的。在沟通的时候，我们也要特别注意自己的情绪。有时候别人很赞同你的想法，对你大加赞赏。这个时候要记住，千万不能兴奋、开心，因为这种兴奋、开心会被潜意识解读为是对他洞察结果的认可，他会停止进一步的洞察。反过来，如果别人不认同你的洞察，对你大肆批评、嘲笑，这个时候你也不能生气、愤怒，因为这种生气、愤怒会被潜意识理解为对他洞察结果的否定，同样也会停止对这个问题的洞察。

“应该怎么办呢？根本不要为有了灵感而开心，我们学会使用洞察力以后，发掘灵感是一件十分简单而又容易的事情。我们需要做的是，用‘看概念、看关系’的方法，审视潜意识给我们的答案，一般的情况是，经过看概念、看关系以后，显意识会发现其中的问题，这时就需要向潜意识继续提出问题，什么概念？什么关系？如果信息不够的，继续收集信息；如果不需要补充信息了，潜意识会进一步进行思考，之后再给显意识答案。在一个成熟的洞察思考中，这种显意识与潜意识之间的问与答是需要反复多次进行的。

“直到显意识认为概念清晰了，关系结构也清晰了，然后就可以用数学公式、几何模型、结构色彩、音乐符号、文字对这些概念、关系进行描述，这样人与人之间就能沟通了。”

米尔森接着说道：“我们在与别人沟通自己的想法的时候，受到别人批评了，甚至是嘲笑了，也不能生气、愤怒，而是要保持潜意识的平静，这样才有可能让潜意识再次对这个问题进行洞察，看看究竟是自己错了还是别人错了。”

米尔森讲完了这一段，所有的学员都有一种豁然开朗的感觉。

一个人如果能进入洞察模式，而且了解了在其中做什么，这会是怎么样的一个人？平静、沉稳、处变不惊、思维敏锐、成熟……

几乎每个人都看到了前面有这样一个自己，正在越来越接近。

这些女孩中有两种心理：关莹、Judy、萨丽雅是义无反顾想尽早进入，希望自己能成为那样的人；Fela、安妮的内心有些纠结，她们既希望能成为那样的人，可是内心又有些犹豫，好像有个内在小孩在抗拒。

米尔森在结束这天的课程的时候，给大家布置了一个问题：在职场中，如何应用洞察力？

Part 09

我能一眼看透你（第7课）

米尔森老师的礼物

周二早上，关莹被外面射进来的阳光照醒了。关莹躺在床上，做了一下沉静的练习，她发现每天睡前以及醒来的时候做一下沉静的练习让自己进入洞察状态，可以强化自己进入洞察系统的感觉，这样做了以后，一整天都很容易让自己处在一个沉静的状态中。

做完沉静练习，关莹突然有个念头：为什么不出去晨跑呢？

于是，起床，换上了衣服、鞋，跑了出去。

早上，通往佘山的路上人很少，不时有几个住在别墅里的人也出来晨跑。关莹一口气跑到了佘山脚下，折回头往回跑。

跑到神奇圈的时候，关莹觉得饿了，于是直接去了会所，点了果汁、火腿和鸡蛋。

吃过早饭，洗漱完毕，换了身干净的衣服。关莹想到还有一节课的时间，米尔森老师的课程就要结束了，自己也该找工作了。

这短短的三个多星期的课程，关莹觉得自己好像是换了一个人似的。她跑到地下室的网吧，向服务生要了一杯绿茶，来到自己的座位。等电脑启动了，关莹打开了求职网页，自己该找份什么样的工作呢？

既然来了上海，第一选择当然是去国际4A广告公司求职啦。可是搜索了一遍发现，4A公司并没有在招人，反而是在本土广告圈内有点名气的T&T公司在招人。进去一看，原来在招AE助理，关莹心里有点失望，职位太低了。可转念一想，职位高低又有什么关系呢？只要能进去，将来什么职位，是靠自己做出来的，特别是经过米尔森的课程培训以后，如果得不到提升，只能怪自己笨了，那也怨不得别人。再说了，这也只是自己来上海的一个落脚点，以后各种机会多的是。于是关莹就投递了简历。关莹对自己的简历很有自信，投完简历，就在网上玩了起来，先是看看新闻，之后又去博客上更新了内容，再去好友的博客上踩踩。

快中午的时候，关莹收到艾米的一条短信：莹莹，下午在神奇圈吗？如果在的话，请来我的办公室。

关莹给艾米回了短信：下午1点到。

下午1点，关莹准时来到艾米的办公室，艾米、Lisa都在。

艾米很正式地把她引到里面的会议室。

关莹觉得很奇怪，艾米和她很熟了，干吗这么正式呢？突然有种预感，好像要发生什么事情？

也许是早上进行了沉静练习，关莹的内心依然很平静，这让关莹有点高兴。以往她是一个很敏感的人，一有点什么预感往往就会忐忑不安，可是今天她很平静，一点都没有忐忑、焦虑，看来自己是进步了。

就在关莹暗自开心的时候，Lisa以及艾米一前一后很正式地走了进来。

关莹见她们这么正式，也忙站起身。

只见Lisa向她伸出了手，说："恭喜你了，关莹。"

关莹被她说得一头雾水，只是机械地握了握她的手。

Lisa拉关莹坐下说："是这样的，从今天起，你成为神奇圈的正式学员了。”

关莹有点没有搞懂，问：“原来不是吗？”

Lisa解释说：“所有的会员进入神奇圈的时候只是初级学员，经过我们考察以后，其中合格的学员，会成为正式学员。成为正式学员以后，我们根据你的成长情况，会有三级学员的评级，达到三级学员以后，就可以升级为会员。会员也有三级，之后就可以成为神奇圈的合伙人。”

关莹听了觉得很神奇，看来自己真是进入了一个神奇的世界。

只听Lisa继续说道：“神奇圈时刻都会评估大家的进步情况，也会为大家提供各种帮助。你是这批学员中第一个达到正式会员要求的，米尔森特意向我们推荐了你，经过我们这几个星期的考察、了解，我们接受了米尔森老师的推荐，经过我们董事长的批准，你从今天起就成为正式学员啦。”

从艾米办公室出来，关莹感觉就像在梦里一样，原来，成为“神奇圈”正式学员以后，可以享受每个月1万元的免息贷款，还款期在3年后，还款方式由借贷人自己确定，而且还有一笔5万元额度的装备费，还配备了私人造型师负责服装、发型、妆容，私人健身师负责营养、饮食、健身，私人摄影师负责拍摄。

刚才听到这些介绍的时候，关莹还有点担心，贷款有什么用？将来不还是要还的吗？

可是她马上就意识到了，接受米尔森老师的课程，还有这么雄厚的财力支持自己，三年后，还会是一个普通人吗？三年36万元，对于三年后的自己，这只是很小数目的一笔钱，换言之，“神奇圈”给自己设定了三年成长的时间，关莹对此觉得充满了信心。她觉得这是米尔森老师送给她的一个最好的礼物。

走在路上关莹内心充满了兴奋，可是突然内心有个声音告诉她：保持平静。

关莹马上意识到了，她知道未来的道路才刚刚开始，她马上让自己兴奋的反应器沉静了下去。

最后一课的总结

周四的晚上，所有的女孩心中都知道，今天是米尔森老师给她们上的最后一课。

米尔森也用一种总结式的方式开始了这堂课。

米尔森说："到今天我们总共上了七堂课，归纳起来，其实就讲了两点：第一，让大家认识到了我们的心智有反应与洞察两种模式，并让大家用沉静的方式自主进入洞察模式；第二，让大家了解了进入洞察模式以后，进行思考的基本方法。

"这两点是学习洞察思维的核心。了解了这两点，我们就可以到生活、工作的实践中去应用洞察力了。具体如何应用，大家要在实践中掌握应用洞察力的方法。

"同时，为了帮助大家缩短在职场中应用洞察力的时间，我今天给大家概要地介绍一下，在职场中有哪些方面可以应用洞察力以及应用的方法。这些方法的具体使用，需要大家到职场中自己去体验、去印证。"

作为总结，米尔森转身在在白板上写下几个重要步骤。

◎第一步：进入"洞察模式"

米尔森转身继续说道："学习洞察力的意义在于：体验自己的洞察模式，并让自己跳出反应模式，进入洞察模式，在洞察模式中去面对生活、工作的挑战。所以，在职场中，首先要学会让自己更多地，甚至是始终处在洞察模式中。当然，明白道理很容易，要做到却是不太容易的，因为我们处在反应模式中的时间太长了。因此，我们要学会一些方法，来帮助我们学会保持洞察状态。"

米尔森扫视了一圈说："第一，每天要做两次沉静练习。做这个练习的目的在于，强化我们进入洞察模式的体验，这种体验越强烈，越能帮助我们进入洞察模式。这样的练习一次在睡前，一次在睡醒后。

"每天睡前都要做一次沉静的练习，让自己的显意识找到潜意识，并让自己处在沉静的状态，别去管时间，顺其自然，能静多久就多久。当显意识与潜意识连接的时候，我们的显意识是很清醒的，同时又是很宁静的。这时大家要注意两方面：一方面，看看自己的显意识是不是没有任何杂念。如果自己的显意识一会儿想这个事，一会儿又想那个事，这时肯定还在反应模式中。另一方面，看看自己的显意识是不是有种昏昏欲睡的感觉，如果有想睡的感觉，那也是在反应模式中。在做沉静练习的时候，一定要保持显意识的清醒、清净，没有胡思乱想。"

Fela举起了手说："米尔森老师，您说的这两个问题我都有，我一沉静，脑子里就开始冒念头，一会儿想这个，一会儿又想那个，想着想着就被哪个念头给带走了。后来发现了，又强迫自己不要去想，时间长了又不知不觉地睡着了。"

Fela说话的腔调总是让人好笑，大家听了都笑了起来。

米尔森说："我相信Fela说的这两个问题大家都遇到过。"确实，Fela说的情况大家都遇到过。女孩们听了纷纷点头。

米尔森继续说道："这在洞察力训练的初期是很普遍的情况，几乎每个人都会遇到，不遇到反而不正常了。这其中的原因是，我们表面上看起来是沉静了，但是，显意识还与潜意识的反应器连接在一起，还没有与潜意识连接在一起，所以，胡思乱想与昏昏欲睡是我们的反应。只要不断地练习沉静，当显意识与潜意识连接在一起的时候，我们自然就能真正地沉静了，就能感觉到那种清醒与宁静。"

Judy举手说："这个我有体会，开始的时候也是要么东想西想，要么犯困。后来有一次，我在练习沉静的时候，突然感觉到了一种内心很舒服的静的感觉，很清醒、很宁静，后来我每次练习沉静的时候，都去找这种感觉，发现只要把显意识真正沉下去的时候就能找到这种感觉。不过不太好沉，但是，后来进入那种感觉的次数是越来越多了。”

米尔森听后回道：“很好，这就是体验的效果，开始的时候，你未必能沉静下去，你还是处在反应模式中，这没关系，只要我们不断地做这种沉静的练习，你总能找到一次的。之后再找到这种感觉的次数就会越来越多，再之后，你就会很轻松地进入洞察模式找到那种感觉，这是一个阶段。第二个阶段，就要让自己更长时间地进入这种模式。这种沉静的练习要在睡前做。做完再睡能把这种体验很强烈地让潜意识记住。”

米尔森接着说：“早上醒来的时候也要做这种练习，当我们的显意识意识到自己醒来的时候，不要急于起床或者赖床继续睡，而是要做沉静的练习，早上做这种练习的时间不用太长，只要感觉到自己进入了洞察模式就可以了。它的目的在于提示自己对洞察模式的感觉，为白天进入洞察模式作准备。”

米尔森停顿了一下说：“做沉静练习的目的在于，让我们能在职场中进入洞察模式。在职场中要进入洞察模式有些困难，因为我们练习的时候是在安静的环境下，自己也处在安静的状态中。而职场环境是嘈杂的，处在运动状态下。但是，在这种嘈杂环境下，自己处在动的状态下也能进入洞察模式，对我们才是真正有现实意义的。所以，我们要学会在职场中进入洞察模式。这里我有一些体会供大家分享。

“第一，给自己设定一个进入洞察模式的节点。我以前在上班前，进入电梯门关上的那刻就是我的节点，我会告诉自己：进入洞察模式，在拥挤的电梯里，让自己的显意识沉下去，找到潜意识。

“第二，先易后难，一开始，只在一些需要思考的事情上让自己进入洞察模式，等到熟练了以后，再让自己始终保持在洞察模式中。

“第三，时刻关注自己是否处在洞察模式中，等到始终让自己保持在洞察模式中的时候，就需要时时审查自己的显意识，体会一下是不是处在洞察模式中，但凡自己出现一些烦躁、开心之类反应模式的信号，就必须及时调整自己。我感悟到，古人说‘吾日三省吾身’，三省可能不是指三个时间点，而是指时时刻刻。从反应模式进入洞察模式不容易，但是从洞察模式进入反应模式是很容易的，所以需要时刻审视自己的显意识。”

米尔森说：“除了练习沉静以外，还有一种让你体验进入洞察模式的很有效的方法。这就是爱好。我们在之前的课程中讲过，人很容易在爱好中进入洞察模式。有了爱好不仅能让你体验进入洞察模式的感觉，还可以把爱好作为一个进入洞察模式的端口，从爱好开始进入洞察模式，再在洞察模式中思考职场问题。

“所有爱好中，适合在职场中运用的爱好就是书法，想要把字写得端正、一丝不苟，就必须进入洞察模式，所以，我强烈主张在职场中手书笔记，这绝对是一个帮助我们在繁杂的职场中进入洞察模式的好手段。”

米尔森喝了口水，让女孩们议论了一会儿，又提了一个问题：“大家有没有想过，一天都处在洞察模式中会不会很压抑？”

Fela起劲地点了头，安妮、萨丽雅也一同点起了头。

米尔森笑了笑说道：“我就知道大家会有这样的误区。在开始学习洞察力的时候，都会遇到这种误区，这是因为，我们并没有真正进入洞察模式，还处在反应模式中，但是我们又知道在洞察模式中是没有情绪反应的，所以一旦出现情绪的时候，我们就压制自己的情绪，所以就会有压抑的感觉。”

见女孩们豁然开朗，米尔森接着说：“大家如果有过进入洞察模式的经历，你就会知道，在洞察模式中，人是不会有情绪的，不管是受到打击还是表扬，你都会很宁静。所以当你出现情绪的时候，千万不要去压抑自己的情绪。”

米尔森加重了语气说：“而是要马上意识到，这时，你是处在反应模式中，你需要做的是让自己进入洞察模式中。如果情绪太大没法进入洞察模式，那你就要找个地方，赶紧宣泄你的情绪，让自己平静下来，重新进入洞察模式。

“所以，我想告诉大家，时刻记住，情绪是你反应模式的产物，如果你觉得压抑了，那你就是在反应模式中。在反应模式，情绪是需要宣泄的，如果不宣泄掉，情绪不仅会影响你的工作，还会影响你的生活、你的健康。靠压制情绪是进不了洞察模式的，一旦进了洞察模式是没有情绪的，这点请大家千万记住。”

Fela插嘴说：“那在洞察模式里，不是有很好的保健功效？”

米尔森笑着说：“你好好体验过就会晓得，那是一种什么样的感觉。”

Judy接口道：“很安心、很平静，我能处在里面的时间还不太长，老是会出来，不过待在里面时间长了，会有一种说不出来的愉悦感。”

米尔森听了，冲着Fela微微笑着说：“加强练习，每个人都能体会到的。”

◎第二步：学习

写完，米尔森说：“我们接着来说洞察力在职场应用的第二个方面——职场学习。”

米尔森迟疑了一下，好像是在思考如何说：“嗯……我们换个角度来看看职场。职场，其实是一个充满了各种职业知识的场。”

Fela接口道“职场：职业知识场。”

米尔森说：“对！从某种角度来看，职场就是一个职业知识场。在这个场中。漂浮着各种各样的职业知识，包括行业的、企业的、专业的、人的、各种各样的知识。而且这些知识还分成显性知识、隐性知识。

“显性知识是指，你在反应模式中还可能学习到的。

“隐性知识是指，你在反应模式中根本没可能学习到的。

“为什么这么说呢？我们先来看显性知识，为什么说显性知识是你在反应模式中有可能学习到的呢？因为显性知识是一个企业存在于一个行业的基础，所以只要你进入了一个企业，你就会被教授一些显性知识，但是你能学会多少显性知识，却与你进入什么样的公司有关。在一个行业中，处在这个行业顶端的企业往往掌握的显性知识就比下面的企业要来得多一些、深一些。

“但是，在所有的企业内都有这样一种现象，即常规的显性知识存在于企业的规章制度、应知应会中，还有很多有价值的显性知识存在于那些资深人员的内心，这些人有的是知道说不出；有的是知道不告诉你。所以，即使是显性知识，在反应模式中，也是属于你有可能学不到的；还有很多精华的部分是没有人愿意教你的。”

米尔森停顿了一下接着说道：“我们再来说隐性知识，在职场中隐性知识要比显性知识多得多，也复杂得多，比如，人与人之间的关系就是一项很复杂的知识，很多人一辈子都不可能知道一星半点。有些人了解了也只能放在心里而不能说出来，因为这种知识若说出来，和我们的已有道德观、人际关系是违背的，对别人、对自己也会有伤害。”

Fela有些没听懂，她很迷惑地问：“怎么会呢？”

米尔森见其他女孩也有些不理解就解释道：“比如，我们说说如何在职场中‘识人、看人’吧。在职场中与你有关的每一个人，你都要有清晰的认识，知道他是一个什么样的人。为什么？你只有知道他是一个什么样的人，在工作中和他打交道的时候，才能做到有策略性地工作，达到工作目的。顺便说一句，职场中发生的很多问题，常常是因为对工作对象没有清晰、准确的认识，一厢情愿地做事，结果事与愿违，产生各种各样的矛盾和问题，所以，看人、识人在职场中是一项很重要的技能。

“话说回来，假如你能识人、看人了，这种看人、识人的结果就是一种知识，这种知识你能告诉谁吗？谁都不能告诉，只能自己心里知道，因为一旦让别人知道你了解他的全部优点和缺点，哪怕你说的都是对的，也是对人家自尊的一种伤害，所以，这种知识就是隐性知识，不仅仅是说它难以学到，更在于知道了不能说。”

Fela又有些情不自禁地发出了奇怪的声音：“哦，原来是这样滴！”

女孩们又被逗笑了。

米尔森见她们都明白了就继续说道："大家知道吗，决定一个人在职场中价值大小的因素是什么？"

女孩们说："是掌握显性知识与隐性知识的程度。"

米尔森说："对，决定一个人在职场中的价值、地位的是这个人掌握的显性知识、隐性知识的程度。掌握的程度高，他的价值、地位也就高；掌握的程度低，他的价值、地位也就低。"

米尔森接着说道："这告诉我们一个什么道理呢？

"那些不为人知的显性知识与隐性知识，只有依靠我们的洞察模式才能获得，依靠反应模式是没有人告诉我们的。我们都受了金庸小说的影响，总希望能得到一本什么武功秘籍之类的东西，这是典型的反应模式的思维。大家要知道，假如有秘籍能落到你的手里，那种概率也太小了，如果是大家都能知道的秘籍，那也就不是什么秘籍了。知识的优势在于不对称，光你有而别人没有，你就有优势，大家都有就不是优势了。只有你自己洞察到的知识才是你唯一有的知识，这样的知识才是有优势的，而帮助你得到这种知识的就是你的洞察力。"

之后，米尔森又告诉了女孩们如何运用洞察模式中概念与关系的方法进行学习……

◎第三步：为人原则——荷花精神

写完，米尔森问："大家知道荷花的精神吗？"

几个女孩纷纷回答："出污泥而不染。"

关莹也想回答出污泥而不染，可是转念一想，这么简单的问题，肯定不是米尔森想要的答案。

果然，米尔森又问："还有呢？"

女孩们纷纷摇头。

米尔森见大家没有了答案，就开口说道："如果把荷花仅仅理解为出污泥而不染，那是大大地曲解了荷花，也是亵渎了荷花。这样的荷花会被人理解成高洁又不合群的清高形象。”

关莹和所有的女孩都在想，荷花不就是这样的形象吗？高洁、不合群、清高，那种感觉好像在说：你们都是肮脏的，就我是干净的。

米尔森说：“荷花的第一个精神是——同流合污。”

“同流合污”？女孩们被米尔森的话给弄糊涂了，荷花不是出污泥而不染吗？咋就同流合污了呢？

只听米尔森说：“大家想过没有，荷花与污泥是同流合污的。

“我们这么来看荷花，首先荷花生于污泥之中，其次又长于污泥之中，从污泥中吸收养分，又装点污泥环境，最后，残荷又归于污泥之中，化做污泥，荷花的生生世世与污泥有着很紧密的关系，它们不是同流合污吗？”

女孩们一听心想，就是啊？！

米尔森接着说道：“荷花正因为有了第一个同流合污的特点，第二个出污泥而不染的精神才显得可贵。荷花并不因为与污泥同流合污，而改变自己，它依然保持自己的高洁，这才是真正值得我们借鉴的。

“我们关起门来说，职场从某个角度来看，就是一个污泥塘，到处充斥着欲望、私利、争斗、虚伪、潜规则以及企业为了追求利益所编造的所谓的价值观。在这样的环境中，我们首先要与环境和谐共处，而不是拒绝环境、做个自命清高的人。但又不能被环境所污染而改变，把自己也变成污泥。要做到这一点，我们就需要借鉴荷花的精神。那么我们如何才能做到荷花的精神呢？”

米尔森接着问道：“‘职场练洞察’的模型，大家都看了吧？”

女孩们纷纷回道：“是。”

米尔森说：“那里面有三条，‘我的责任’、‘不与人争’、‘为人着想’大家还记得吧？”见大家点头称是，米尔森继续说道：“这三条是非常有用的，是我们在职场中为人处世的基本原则。它们能够帮助你在职场中建立良好和谐的人际关系。”

米尔森又说道："但是，大家想过没有？从人的反应模式角度来看，这三条都是违背基本人性的。因为人的本能反应是，成绩是我的，责任是别人的，谁也不想承担责任；名利岂能不争，不与人争我不是什么也没有了吗？；'人不为己，天诛地灭'，我为人着想，那谁来为我着想啊？换言之，如果一个人处在反应模式中，即使是认可这三条内容，也是做不到的。所以要做到'我的责任'、'不与人争'、'为人着想'这三条，一定是处在洞察模式中才能做到的。

"这三条就我个人经历来看，是极其重要的。在职场中且不说你的职业技能如何，只要能做到这三点，你就能在领导的眼里脱颖而出，与众不同。因为今天的职场是个讲究'个人提升、团队成功'的地方，任何在职场中能够得到提升的人，首先评估他的，是经营团队的能力以及团队对他的接受度。反过来讲，一个人的能力再强，他没有领导团队的能力，团队也不接受他，这样的人在职场中是很难成功的。而做到这三点，你就有了与环境融合的能力。

"这三条，大家一定要牢牢记住，在洞察模式中反复体验。"

Judy接口说道："确实很有用，我看了米尔森老师给的'职场练洞察'，学着用了那三条，最近我们头儿就表扬我了，说我的气量比以前大多了。这让我有一个感悟：一个人能得到什么，真的不是你自己去争来的，你不争了，领导反而容易记得你了。"

Judy的话在女孩们中好像引起了不小的反响。

◎第四步：处事方式——策略规划

米尔森转过身，说："我们再换个角度看职场。"

关莹调皮地想，刚才米尔森已经把职场看成了烂泥塘，这会儿又会把职场看成什么呢？

米尔森说："职场，是个职业的问题解决场所。

"在一家企业中，采购部门解决的是生产部门的问题，物流部门解决的是渠道部门的问题，营销部门解决的是销售部门的问题，最后产品解决的是消费者的问题。在企业的结构中，每个人都是其他部门、其他人的问题制造者，同时也是其他部分、其他人的问题解决者。

“所以企业是个职业的问题解决场所。”

女孩们被米尔森的话说得眼前一亮，心想对呀，企业不就是每天都在解决问题吗？

米尔森继续说道：“现在市场环境、社会环境都在发生快速的变化，每个企业都在挖空心思想着如何去满足消费者的需求，各种新手段、新方法、新产品不断涌现，这对企业来说就带了新问题。处在今天的企业人，是需要不断地面对更多、更新的问题。

“说到解决问题，我在这里需要大家确定几个概念：第一个概念是‘目标’，也就是解决问题后需要达成的结果；第二个概念是‘目的’，也就是达成目标需要解决的问题，比如说，我们要去打开一扇门，‘打开这扇门’是我们需要解决的问题，‘把门打开’是目标，‘打开门锁’就是达成目标需要解决的问题，就是目的；第三个概念是‘资源’，也就是解决一个问题需要动用的资源；第四个概念是‘计划’，管理这些资源去解决问题，就是计划。

“这四个概念是非常重要的职场概念，很多资深的职场人做了一辈子也没有搞清这四个概念，所以大家一定要把它们理解清楚。”

听到这里，关莹突然有种心中一亮的感觉，因为，在杭州公司的时候，公司培训策略也讲到目的、目标、策略之类的概念，自己总是没有搞清楚，被米尔森这么说，突然很清晰了。

米尔森接着说道：“有了这四个概念，也就引出另一个课题。在一个问题面前，可以解决这个问题的方法有很多，比如刚才说的‘打开门’的例子，如果这扇门是锁着的，而你又没有钥匙，那么你能打开这扇门的方法就会有很多，比如找钥匙、找锁匠、踹开、砸开、跳窗等等。但是你所拥有的资源是有限的，找钥匙费时间，找锁匠费钱，踹开费体力还会造成损失，砸开得找工具还毁了锁，也会有损失。所以，你就必须在这些方法中找到最合适、最有效果、最经济的方案。在众多的解决方案中，让我们找到最合适、最有效果、最经济的解决问题方案的就是‘策略’，也有称‘战略’的。好多人都在纠结‘战略’与‘策略’，其实英语都是一个词，翻译成中文就是策略与战略，大点事的用战略，小点事的用策略而已。”

米尔森停了一下说：“有了策略，就会有执行计划，因为，如果只有策略而没有执行计划，那就是纸上谈兵；反过来，只有执行计划而没有策略，那就是匹夫之勇。”

米尔森看到关莹眼里的困惑，好像知道她要说什么一样，说：“是不是觉得，计划没有变化快，计划没有用？”

关莹点了点头，她在杭州公司工作的一年里，确实碰到不少计划没有变化快的事，她的经理从来不制订计划，做到哪里算哪里。

米尔森：“这里有几个原因：第一缺乏计划规划的方法，计划不是死的，计划是一种执行的管理系统，它有它的建构、控制的方法，如果没有一套科学规划计划的方法，这样制订出来的计划当然是没法执行的；第二计划本身缺乏策略，这就造成计划的无法执行。”

米尔森接着说道：“计划的规划是有它的模型的，我这里结合洞察模式给大家介绍一套策略及计划规划的模式。”

这次米尔森没有画，而是举起了双手，说：“我们在心里想象一下。

“这个模式分两层，上面一层是一个影像，这个影像是那个问题所处在的影像，是要靠我们洞察出来的。

“在这个影像下面的中间是目标，围绕这个目标有四个循环的概念，‘现象’、‘问题’、‘策略’、‘计划’。

“什么意思呢？任何计划的推进过程中，总会发生阻碍计划推进或者与计划不吻合的现象。现象不是问题，在职场中常常有人把现象当做问题来解决，这就不对了；真正的问题是隐藏在现象的背后，俗话说：

‘真正找到了问题，问题也就解决了一半。’找到问题，就可以根据资源情况，规划解决问题的策略，有了方法策略的引领，就可以制订详细的执行计划，付诸实施了。”

Part 10
改变未来，先塑造自己

装备与应用

周五的上午，健身房。

关莹选了一个面向太阳升起来的方向，在跑步机上跑着。健身教练好奇地问她："不怕太阳晒黑皮肤吗？"

这个世界上有两件让女性羡慕的事，一件是狂吃不胖，还有一件是暴晒不黑。

关莹就是属于后一种暴晒不黑的类型。

她在跑步机上跑着，感觉在跑步的震动中，汗水慢慢开始渗出皮肤，还来不及凝聚成汗珠就流了下来。汗水流过皮肤有些痒痒的感觉。阳光有些刺眼，好像要蒙住眼睛一样，于是关莹闭起眼睛，一边跑一边感受着浑身被汗水浸湿的感觉。

关莹的身体在跑，内心却是非常宁静。

自从向米尔森学了沉静的方法以后，关莹每天早上、晚上练习两次，特别是晚上那次，她总是让自己沉得很深、很深，时间越来越长。

开始的时候，只能在那种沉静的状态中待上十多分钟，后来逐步延长，昨晚关莹注意了一下时间，她沉静了一个多小时。

这种沉静练习带来的结果是，关莹在白天的时候，即使是在这样运动的状态，内心依然非常宁静，这是一种很奇妙的感觉。关莹好像找到了自己——原来的自己好像与身体混合在一起，关莹就是身体，身体就是关莹。现在渐渐地能感觉到：我是我，身体是我的载体，身体的感受再强烈，我依然可以很宁静。

关莹还发现自己一系列神奇的变化。有一天，关莹突然发现，自己内心一旦安静了，没事爱幻想的毛病没有了，而且也不太爱吃零食了。以往只要一没事干，嘴里就想吃零食，可是现在却发现吃零食的欲望越来越淡了。更为神奇的是，自己懒懒散散的毛病好像也好了不少。

关莹知道，这是按照米尔森老师的方法训练出来的效果。幻想、吃零食、懒散这些都是反应器对显意识的影响，通过沉静训练，潜意识反应器对显意识的影响力越来越减弱。她的内心有种说不出的奇妙感觉，她很享受这种奇妙的体验，更喜欢自己的这种变化。

就在关莹沉浸在这种神奇的体验中的时候，她的手机铃声又响了起来。自从投递了简历以后，关莹对手机的铃声格外注意。

原来是艾米的电话，约她一小时后在门口会所见面。

关莹来到会所的时候，发现艾米已经在那里了。艾米坐在关莹第一次来的时候坐的位置上，看起来好像一个上午都在这里写着什么东西。

见关莹来了，艾米笑着指指前面的座位。

“给你看样东西。”见关莹坐下了，艾米给关莹递过一个黑色本子。

关莹打开一看，发现这是一本与众不同的A5活页夹。这本活页夹的封面就是一个平板电脑的背面，打开封面就看到了活页夹的第一页，是一个很薄的透明键盘，把活页夹横过来就是一个笔记本电脑。后面就是常规的活页纸。边上插了一支四色的圆珠笔。

艾米说：“这是神奇圈正式学员的基本装备，你可别小看了它。”

“把你的手机卡给我。” 艾米对关莹说。

关莹马上关了手机，卸下了手机卡，交给了艾米。

艾米拿过笔记本，很熟练地在封面上打开一个插口，插入关莹的手机卡。打开封面，按动了启动键。

在等待开机的时候，对关莹说：“这不是一台普通的电脑，这是我们集团特制的电脑，叫‘U–派’。现在‘派’可是很流行的哦。严格意义上来说，这是一台个人信息平台。每个神奇圈的正式学员都会配备一台。”

很快，电脑启动了，艾米说：“到目前为止，市面上还没有电话功能的平板电脑，这台电脑包含了电话功能，但是，直接用它打电话就不方便了。”

艾米又从包里拿出一个盒子，从里面拿出一台像iPhone一样的手机：“这是与这台电脑配套的手机。”

关莹问道：“也就是说，所有的信息都是由这台电脑接收以后转发到手机上的？”

“是的。”艾米回答。

“那它的距离有多少呢？”关莹又问。

“50米。”艾米说，“如果想单独用，直接把手机卡插到手机上就可以了。这个手机在与平板电脑连接的时候，它的作用其实就是米尔森老师说的大本子与小本子功能。它还是一台1500万像素的照相机。”

关莹被艾米的介绍打动了，接过艾米手中的U–派看了起来，发现这个手机反面居然还有镜头的滑盖，从反面来看就是一台卡片照相机。

见关莹被打动，艾米得意地笑了起来，说：“这不算什么，真正的奥秘在这里。”

艾米打开了电脑上的浏览器，把屏幕转向了关莹，给了关莹一张小纸条。

通过新设置的密码，关莹登录了系统，屏幕上出现一个让关莹很震撼的3D画面，像是进入了一个什么游戏一样。

艾米坐到关莹身边说："这个系统就是一个虚拟世界。在这里你可以设置你的家、你的办公室，这里面几乎涵盖了全世界所有的家和办公室的3D模板，你可以任意选择。当然，你也可以根据自己的爱好，自己设计重建，可以建在我们这个时空的任何地方，这里都有模板。在这个虚拟世界里，你可以真实地工作与生活。比如，邮箱就是在你家门外的邮箱，你可以在你的书房里写邮件，写完投入门口的邮箱中，收信也可以在那里收。在你的房间里可以设置你喜欢的音乐、影视、书刊等，这些你自己可以用，也可以让朋友们来分享。

"对了，这个门你可以设置，让你的好朋友自由进出。你们可以进行虚拟聊天。"

关莹说："这不就是博客空间3D化了吗？"

"差不多！"

"更为关键的是，"艾米说，"在这个虚拟世界里，你可以设置你自己。你可以把自己设置成反应模式的你，也可以把自己设置成洞察模式的你，把你遇到的事情输入，他们会各自作出选择，在那里，你们三个可以就如何选择进行对话。"

关莹瞪大了眼睛："还有这功能？"

艾米说："是的，虚拟世界同样是一个很神奇的圈，你自己看吧，这里有新手指南。"

"这些就是你的了。" 艾米把活页夹电脑以及手机，还有一本A4的30孔活页夹以及一个打孔机交给了他。

关莹捧着一堆东西回到自己的房间。

整个下午，关莹都在自己房间里把玩那个电脑以及虚拟世界，越玩越觉得有意思，只是还不能设置自己。新手指南上说，要到神奇圈的形象中心进行3D扫描以后才能设置。

把电脑弄明白了，关莹翻到了后面的笔记本，她发现，后面的A5纸两边都打了孔，这样可以随意组织自己的笔记。

关莹取下边上插着的四色圆珠笔，想在上面写些什么。

关莹心中冒出一个念头，她脑子有种“对啊”的感觉——以前的七堂课，米尔森差不多都会在白板上画一些图来帮助他讲课，可是昨晚的课上，米尔森居然一张图都没有画。

关莹想，对了，何不把昨晚米尔森老师说的东西画出来呢？

关莹一边这么想着，一边把自己的心沉了沉，又让自己进入那种很沉静的状态。

脑海中发出了一条指令：昨晚米尔森老师说了些什么呢？

顺手在纸上写下了：洞察力在职场上的应用。

才写完，关莹的心中浮现出一幅画面。她没有马上画，而是静静地感觉了一下，又回忆了一下昨晚的课程，发现那确实是米尔森讲课的结构，于是就在纸上画了起来。

关莹一边画着，一边从心里不断有感悟出来：

洞察力在职场的应用，其核心是“沉静练习”。经过这一段时间的练习，她越来越感觉到沉静练习后的奇妙变化。仿佛能感觉到有两个我，一个是受到身体反应控制的我，还有一个是处在内心深处的我。前边一个我是“身我”，后边一个我是“心我”，沉静练习做多了，“心我”就越来越多地浮现了出来。关莹觉得自己的“心我”就像一个新生命一样，开始的时候很弱，只在做沉静练习的时候才能感受到，回到日常生活的时候，“心我”就不见了，“身我”重新主导了自己。但是随着沉静练习的加深，“心我”会不断地强化，渐渐地在日常生活时也会出现。今天上午在健身房跑步时，她就感觉到“心我”出现。这是一种很奇妙的感觉，虽然人在激烈地跑步，可是内心却是非常宁静，就像是在做沉静练习时感觉到的一样。

关莹突然明白了米尔森强调沉静练习的意义了。就是在静止的状

洞察力在职场上的应用

1.职场：职业知识场。显性知识、隐形知识

绝大多数知识是没人教你的，需要自己洞察

2.用洞察力去识人、知事

3.用洞察力创造、生产知识

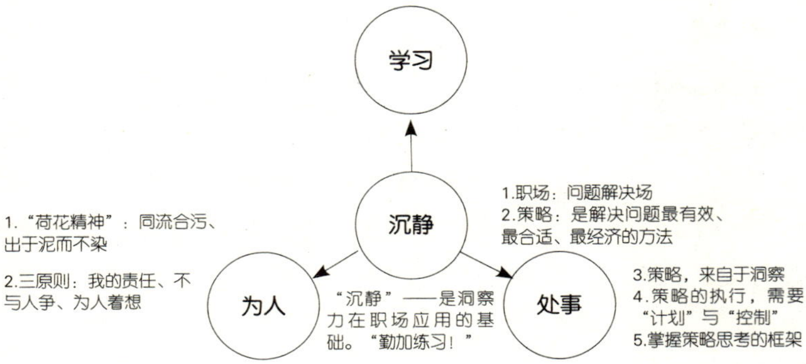

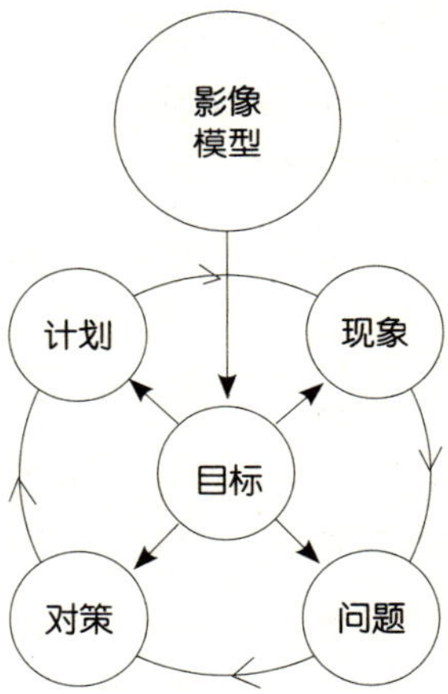

态下，一般人也是不太容易进入洞察模式的。自己这么容易进入洞察模式，得益于以前在练书法时有过进入洞察模式的体验，所以，要想在运动的状态下也能进入洞察模式，就必须先在静止状态下强化练习进入洞察模式的能力，当这种能力强化到一定程度的时候，自然就能在运动状态下很自如地进入洞察模式。今天上午健身时的感觉就是自己练习沉静的结果。

关莹在"沉静"下面写了带感叹号的"**勤加练习！**"

关莹的心中有种突然一亮的感觉，她发现之前的自己都是"身我"在主导，未来的自己将是"心我"主导，换个角度来看，另一个新的"我"要出现了！关莹感觉到了一种发自内心深处的喜悦感，可奇怪的是胸口居然有些刺痛的感觉，关莹并没有在意，继续画着……

画到"学习"这一部分时，关莹想起来昨天听到这部分时心里的感受。

职场，如米尔森老师说的那样，是一个知识场，在这个场里面存在着显性知识、隐性知识。关莹自己感觉，即使在职场的显性知识中，也包含了很多的隐性知识。就比如，在广告公司中广泛使用的策略思考工具，只要进入这个行业的人都会知道，但是，真正会用、用得好的，在整个行业中往往只有少数几个人。这就是对显性知识的认识与了解往往会形成新的知识，而这种新的知识就是隐性知识，只能靠自己的洞察力去发掘，别人是不可能告诉你的。即使是告诉你了，你若没有洞察力也是没法理解的。就如有句话说的："要知茶的滋味，只有自己喝过才知道。"

关莹发现，在职场中，学习是职场应用洞察力的首要功效。难怪米尔森把它放在重要的位置来讲。当然这个学习不是我们平时说的学习，而是在洞察模式中的学习。其实这种学习就是洞察。我们平时说的学习，是反应模式中的学习，其本质是模仿。

关莹告诉自己：要分清两者的概念，真正的学习就是洞察。学习任何东西都要在洞察模式中学习，从一个事物的整体概念与内在结构关系方面去认识它……

画到“为人”一部分的时候，关莹想起了昨晚听米尔森讲荷花同流合污时的感受。那是一种很强烈的心灵冲击，一个人要与环境融合又不被环境所改变，不在洞察模式中是做不到的。往往要么特立独行，要么被环境同化。

关莹的心中突然冒出一个念头，她发现：企业其实是一个很容易异化人的地方，因为企业不是为了升华你的生命而开设的，而是为了实现它的利润而存在的。所以，它灌输给你的观念，都是为了它实现利润、便于管理，特别是中国的企业，一个企业只要搞大了，这个企业主就会被看做是成功人士，他说的一切就变成所有人模仿的榜样。其实，这真的是榜样吗？以他们的成功标准来衡量，孔子、老子都是失败者。所以，在企业中既要与环境融合，又不能被环境所异化，让自己进入洞察模式是唯一的方法。正如米尔森说的，只有在洞察模式中才能做到职场为人三原则。

关莹看过米尔森老师的书，很认同米尔森提出的职场为人三原则，但是说句老实话，这三条原则在反应模式中基本上没法做到，那是违背人的基本反应的，要做到只有进入洞察模式中。所以，又说回来了，沉静练习是最为重要的。

昨天米尔森老师的课，关莹最大的收获是第四部分——职场处事。

在米尔森老师昨天讲的四部分中，前面三部分的关键是如何进入洞察模式，只要进入了洞察模式，那三部分基本都能做到。第四部分就不仅仅是进入洞察模式，而是进入洞察模式以后的系统思考方法。关莹已经有过一年的工作经验，也有很多不解之处，比如什么是策略、目标与目的的区别、执行计划如何才能有效等，这些东西虽然教科书以及公司都讲过，但是说句老实话，都没有讲明白，经过昨天的课程，关莹彻底明白了。

做任何事，小到一件个人事情，大到一个企业策略、国家战略，都要有一个目标。目标是什么？目标是你经过对整件事情洞察后看到的一个影像，或者说是一个结果。

围绕这个目标，结合你可以调动的资源，洞察到的最有效、最合适、最经济的方法就是策略，而这个策略，从洞察的角度来看，首先表现出来是一个概念，这种概念往往也被我们称之为“主题”。围绕这个概念，联系着各种各样的关系。

任何一个计划都不是死的，因为它是对事物洞察的产物，它是随着事物的变化而变化的。所以，在计划的推进过程中，会有各种各样的障碍阻止目标的达成。而这种现象往往被我们称之为“问题”，其实这些问题并不是问题，而是现象，真正的问题是藏在这些现象背后的问题，解决这些问题需要策略。

所以，围绕目标形成了一个对策（策略）→计划→现象→问题→对策的循环，而这个循环又时时刻刻与被洞察的事情相对应。

关莹心中升起一个念头，米尔森老师其实在告诉她，作为一个成熟的职场人士，掌握下面这个循环还在其次，重要的是对事情的概念以及其中因果变化的关系要有一个动态的洞察，或者说是持续的洞察。这就是米尔森说的，在循环圈之上的那个影像模型。心中有了这么一个影像模型，就能预知事情的变化，提前作好准备，提前作出反应。这样制订出来的计划才是可执行的。关莹有点知道为什么之前很多的计划都是不可执行的原因了。

关莹写下：这两个框架必须熟练掌握，运用自如！

新手机发出一阵简洁的声音，这声音不像关莹原来的小猫声音，而是非常简洁，一点都不闹心。一看是一个不熟悉的电话号码，关莹忙按下了接听键。

原来是T&T广告公司的面试通知，通知她下周一下午两点去面试。

挂了电话，关莹的心思又回到了她刚才画的那幅画上。她把这张图放远了看了看，觉得画得很满意。用那台新手机拍了照，放到了自己的虚拟世界上了，她肯定米尔森一定也有虚拟世界，只要放上去他的手机就能马上收到。但是，她不确定她的另外四个同伴是不是成为了正式的学员，就用彩信发给了那四个同伴。

不一会儿，米尔森的信息就传过来了，关莹一看，米尔森说“很准确，很欣慰！记得设置你的头像”。

同伴们的短信也纷纷回了过来。

看完回信，关莹想，对了，要去形象中心做个3D头像，自己已经是正式学员了，按照规定，要去形象中心登记的。于是关莹给形象中心打电话预约了时间——原来他们的营业时间一直要到晚上12点，听说关莹是神奇圈的学员，按照规定是要由首席设计师Alex接待她的，可是，Alex周五晚上已经被预约满了，听关莹说下周一要去面试，于是就让关莹留下了手机号码，说一刻钟后再给她电话。

不到一刻钟，电话过来了，告诉关莹周六下午两点去形象中心。

新的塑造

从形象中心出来，关莹一副全新的样子，说是全新，可是仔细看一下，却发现改变的仅仅是一个刘海。

关莹头一次遇到这样的形象设计中心，如果不是最后她说下周一要去面试，估计连这个刘海也不会给她做的。可是关莹的收获却是非常巨大的，真正了解了什么是女性的形象，女性的形象应该如何打造。

从下午2点到晚上7点，总共5个小时，她在这个不像形象设计中心的地方只做了三件事：

第一件事，是与首席设计师Alex聊天。

Alex首先向关莹介绍了他们对女性造型的理解。他说：这个世界上的女人形象有两种，一种是为了勾引男人的，还有一种表现真正的自己。

前面一种女人仅仅是一种勾引的载体，用各种各样的化学物品在这个载体上堆砌。

后面一种女性的形象是女性内涵的自然外显。所以，他们要对她进行全面的了解，根据对每个人的全面了解，从内到外进行全面的发掘、塑造，发现女人的本来面目。

Alex说，他们这里的客户没有明星，也没有交际花，甚至没有二奶，只有有地位的太太、小姐才有可能成为他们的客户，当然还有神奇圈的学员。这是因为神奇圈的老板就是他们的大股东。

关莹觉得Alex更像是个心理咨询师，和他聊天有种很舒服、很想倾诉的感觉。他会引领话题，并创造出共鸣，只要关莹一旦接上了话题，他马上就很认真地倾听。从他的眼神关莹似乎能感知到他有一种很强烈的兴趣和交流的欲望。

这样的谈话不知不觉进行了3个小时，可是关莹却觉得只有一小会儿。她突然发现，自己怎么这么能说呢？与一个第一次见面的人，就有一种很兴奋的交流感觉，怎么会这样？她有意识地让自己沉静了一下，马上意识到，自己遇到一个专业谈话高手了。一个形象设计师居然是个聊天高手，那他一定不是个一般的高手，这不禁让关莹对Alex有了一种敬仰的感觉。

第二件事，是生理测试。

在做生理测试的时候关莹有种错觉，感觉自己是在医院里，以前听说过的各种检测她大都做过。关莹很好奇地问，做形象设计还需要这些吗？一直陪同她的Alex解释说，一个好的形象是靠饮食、运动、休息、学习以及内心调理出来的，而要确定适合的饮食、运动、休息的方案就必须全面了解她的生理指标，这样制订出来的方案才是有效的。做完所有的检测以后，关莹又做了一个3D全身扫描。扫描完就告诉她一会儿回去收邮件，她可以用3D数据设置自己的虚拟空间。

第三件事，是天赋测试。

感觉像是要做测谎一样，身上被连接上了很多电线，舒服地躺在一张椅子上，戴上了一副眼镜式屏幕以及耳机，不一会儿，眼前出现了各种各样的场景，而且伴随着音乐。

这三件事都做完已是傍晚6：50了，首席设计师Alex告诉她都好了，并和她确定了下周五再来的时间。关莹正要离开的时候，才想起了下周一要去面试的事情，告诉了Alex。

他稍稍端详了一下，问了问去应聘的是什么公司？什么职位？让助理拿来了剪刀，关莹还没有注意，一个齐刘海就剪好了，一照镜子发现居然有种变样子的感觉。

首席设计师Alex说，去广告公司应聘助理，简单点、时尚点、可爱点会比较合适，也适合关莹的气质。关莹自己看了也非常满意，心想不愧是高手，这么简单一弄，就给自己塑造了一个新的造型。

回到神奇圈，关莹把3D扫描数据输入了自己的虚拟空间，虚拟空间里出现了一个立体的人像，关莹一看这个虚拟空间里的自己太胖了，于是，给她修饰了一番，再配上一系列的服装并化了妆。

花了老半天的时间觉得不满意，明白了米尔森说的，女性化妆打扮是锻炼洞察力的有效方法。后来看到一个提示，形象中心的服饰、化妆方案也可以输入，关莹就懒得再弄下去了，心想等形象中心的方案来了以后直接输入就可以了，这比自己弄要来得专业。

于是，关莹专心给自己的虚拟空间进行设置，模板有很多，世界各地的都有。关莹喜欢大海，于是选了一个太平洋中的小岛，在岛上，关莹没有造房子，而是选了一个山洞做自己的家。在家里关莹没有设置反应模式的自己，而只设置了一个洞察模式的自己。

然后，与米尔森、那四个同伴以及艾米、Lisa做了链接，允许自由进出。关莹还在自己的山洞里准备了各种好吃的东西。

最后，关莹把海浪声以及风吹树叶的声音设置成了背景声。

全都弄完的时候，关莹想，总有一天，她也要在现实中找到这么一个小岛，找到这么一个山洞。

新的工作机会

周一的面试很顺利。

在进T&T公司的时候，关莹按照米尔森说的，在电梯里做了一个沉静练习。结果在整个面试的过程中，关莹一点也没有紧张，进行得很自然、很顺利。从面试她的HR经理焦先生的表情就能感觉得出对她很满意。

快要结束面试时，焦先生对关莹说："你各方面的条件都不错，T&T公司是一个能帮助你成长的地方，不过……"焦先生有些欲言又止的样子，接着说："不管怎么样你都要经受得住考验。"

关莹听了既觉得高兴又觉得有些不明白，高兴的是这话差不多就已经在告诉她被录取了，不明白的是，考验指的是什么。看焦先生欲言又止的样子，好像是蛮严肃的考验。不过关莹并没有把这些放在心上，因为她已经从米尔森那里建立了面对所有挑战的信心，她现在更关心的是周五再去形象中心。

周五的上午，关莹接到焦先生的电话，她被录取了，下周一10：00到公司报到。

下午关莹如约来到形象中心。

Alex把关莹请进了一间小会议室。这是一间形象中心专门用来给客户提案的地方。

一块白色屏幕前面摆了张长长的圆弧形的沙发，Alex请关莹坐到了里面的一头，自己坐在了外面一头，开始了向关莹的提报。

第一部分：是关莹生理、行为测试指标。一大堆关莹看不太懂的数据表格之后，Alex告诉关莹的体质特征，各种在生理上存在的问题以及造成这些问题的原因是什么。

关莹听了以后发现很神奇，Alex所说的那些原因确实是自己平时的饮食习惯、行为习惯，自己这一身果冻肉肉原来是自己不良的饮食习惯以及不正确的姿态造成的。

紧接着，Alex给出了解决方案，一套很完整的解决方案，包括：

一日三餐的饮食解决方案，这部分是由神奇圈的餐厅提供的。

每日的健身以及恢复的解决方案，这部分是由神奇圈的健身中心提供的。

形体塑造以及语音塑造的解决方案，这部分由上海一家著名的演艺表演学校提供。

Alex说，关莹写得一手很漂亮的字，不需要提供解决方案，不过如果她愿意也可以参加相关的课程，因为提供这项服务的老师是上海最有名的书法大师。关莹听了那个书法大师的名字，马上表示自己愿意参加这个课程，因为一般人是绝不可能见到这位大师的，关莹一直喜欢书法，能结识这样的书法大师当然是好事。

关莹听了这些解决方案，突然有种自己要被重新塑造的感觉，这让她感到十分振奋。

接着Alex提报了第二部分。

这部分开头又是一大堆的数据，讲的是关莹的心理以及天赋的测试报告。

讲完数据，Alex照例又开始告诉关莹他的结论。

Alex说：打个比方来说，关莹的内心像个4～5岁的小女孩，很聪明、很诚实、很敏感，而且还有创造能力，属于非常聪明、勇于创新但是不精明的那种，因为这种特性的形成一定受过伤害，所以内心有点封闭。

说到这里，Alex问了一下关莹，是不是从小没和父母在一起？关莹有点不好意思地点了点头。

Alex说：“有这样封闭倾向的聪明孩子，往往长期不和父母在一起，所以内心会有问题。”关莹没有接Alex的话，她从小由外婆带大，一读书就开始住寄宿学校。

Alex接着说，关莹的这种内心的封闭以及缺乏自信，学了米尔森的课程以后一定会克服的，所以他就不给解决方案了。

他后面的建议是，女人一定要生活在自己的天赋中。关莹最大的天赋就是创新能力，所以Alex建议关莹今后从事的职业一定不要在传统的男性世界里，那样的世界需要的不是创新而是秩序与执行。关莹要生活到新兴的女性世界里，传媒、创意、出版、设计之类的文化创意产业最适合她。

说到这里，Alex还专门解释了一下，说现在女性的就业难，其实是指女性在传统的男性世界里的就业难。在新兴的女性世界里，女性的就业其实并不难，反而是男性在那里就业难了。

说完，Alex根据关莹未来的职业特点，为关莹提出了系统的形象解决方案，包括了发型、妆容、四季的服饰、鞋以及配饰等等。

Alex全部提报完毕后询问关莹的意见，关莹笑着说：“全部同意，完全接受，我现在要做的是，马上申请二级学员，否则我可付不起这全套的账单。”

周五艾米下班前一小时，就收到了关莹的申请二级学员的报告。

让关莹很意外的是，艾米告诉她，她已经可以申请一级学员的资格了。关莹算了一下，把解决方案的账单全付了，二级学员的月贷款也就全花完了，关莹一点都没有犹豫就申请了一级学员，这样每月就能有3万元的贷款。

关莹不知道为什么这么快就能申请一级会员。其实，这都归功于Alex。Alex根据测评报告的分析结果，发现她的身上有着十分优秀的潜质，所以他向大股东做了推荐，大股东听了马上就给了关莹跳级的资格。所以艾米一看电脑，发现关莹居然可以申请一级会员了，她也觉得很奇怪。不过从她对关莹的印象来说，她一点也不觉得意外。在下班前，就为关莹办理了所有手续。

一个全新的关莹就要开始她的新旅程了。

Part 11 拼心机，而不是争职位

健益的生意经

从某种角度来看，这个世界上只有两种生意人。

第一种生意人是：谁都知道他在做什么生意，也知道他怎么做生意。

这种生意人活得很辛苦。因为别人都知道他在做什么生意，也知道他是怎么做生意的，于是只要看他赚钱了，就会有很多人挤进来抢生意。为了不被别人抢走生意，他也要挖空心思、殚精竭虑地守住自己的生意。进攻是最好的防守，同样挖空心思、绞尽脑汁也去抢别人的生意。用比较流行的说法，这就叫“竞争”。

不管是做什么生意的，我们平时所认识的生意人，几乎都是这种类型。

第二种生意人是：别人根本就不知道他是做什么生意的，或者他的生意在“有雄心”的生意人眼里根本就是看不上的生意，因此，人家也就不知道或者不会关心他是怎么做生意的。

这种生意人生活得很滋润，因为别人根本不知道他是做什么生意

的，也不知道他是如何做生意的，所以即使知道他赚钱了，也没有办法来抢他的生意，而他有了赚钱的独家秘籍，那种辛辛苦苦、抢来抢去的生意他也不会去做。所以，这种生意人从某种角度来讲，是真正的生意人，是生意人中的高手。

这种生意人，我们平时几乎不为所知。因为，我们今天社会所建立的成功标准是，只有能抢别人生意，自己生意又能守得住的生意人，才是真正成功的生意人，这种生意人才会被社会所追捧。而那些谁都不知道他是做什么生意的，自然也就不为社会所关注了，而这些人本身也不希望别人去破坏他们平静的生活。

杜健益就这样一个真正的生意人。就连他的儿子——杜佳锐也不太清楚他老爸是干什么的。他知道他父亲最早是在余杭开小饭店的，后来举家搬到杭州，开了一家专门卖千岛湖大鱼头的饭店，饭店名字叫“随心所鱼”，杜家祖上就是做厨师的，所以，杜健益做出来的鱼头与众不同，生意一直很红火。

杭州的饭店在全国都是一绝，不仅数量多，而且特色多，价格也便宜。所以，“随心所鱼”虽然生意很火，可在杭州众多的饭店中，开始的几年也只能算是中档的水准。后来，其他饭店一家家都开起了连锁店，改进了装修，而“随心所鱼”依然还是原来的那家店，老地方、老样子，档次规格只能算中下了。所以，杜佳锐和许多杭州人一样，一直认为杜健益是很一般的卖鱼头的小饭店老板。

因此，杜佳锐在美国留学的时候，虽然老爸从来不缺他花的钱，可是他在他那些浙江“富二代”的同学面前，从来都觉得比人家矮好几个头，因为人家的老爸都是响当当的知名企业家。这些“富二代”都不约而同地学了金融，准备学成回国，玩玩老爸留下的资本。

杜佳锐在留学的时候心中时常嘀咕，人家学金融的回国可以玩自己家的资本，比如把老爸的企业弄上市什么的，可是自己家的小饭店也能上市？所以学起来不免有些迷茫。

毕业后，杜佳锐的同学差不多都回了国，杜佳锐却在华尔街一家投资银行找到了工作，他不想回去，认为回去没有资本可以让他操作，于是一待就是两年，直到父亲让他回国。

杜佳锐回到国内后向父亲杜健益说了他的愿望，希望在美国从事投资。见儿子希望做投资，杜健益让儿子全面了解了他的产业。

直到这个时候杜佳锐才知道，这个看似卖鱼头的小老板父亲，原来有个庞大的产业王国。杜健益给了杜佳锐半年时间全面了解他的产业，并让他拿出他的投资计划。

过了将近半年，杜佳锐差不多看遍了所有企业的财务报表，越看越晕，他感觉到他在华尔街所学的知识已经不够用了，父亲的产业几乎可以用跨界来形容，非常庞杂、非常多元化。同时越看也越佩服父亲，这么多跨界企业的发展，虽然没有传闻中其他企业那么超常的业绩，但发展都非常稳健，财务状况也非常优良，父亲是如何做到的？更为神奇的是，父亲并没有一个庞大的管理团队，而且父亲好像也不热衷于管理，只是经常与各个方面的朋友喝喝茶、聊聊天。

杜佳锐被父亲带着去喝过几次茶，可是很快他就发现根本就没法融入他们的谈话中，父亲的朋友各式各样，有政府的、企业的，但是他们谈得更多的不是商业上的事，而是看了什么书，他们是怎么理解。这样的谈话与其说是商务沟通，不如说是读书会。听了几次杜佳锐就没兴趣去了，专心做他的财务报表分析。

半年期限快到的时候，杜佳锐写了一份关于家族产业资产经营的建议书，他对父亲说他要正式向父亲提报。

杜佳锐原来想在自家的会所里向父亲提报，可是转念一想，在那里，父亲的熟人太多，难免被人打扰，于是就在西湖内包了一处湖中亭，让人挂上了投影屏幕、投影仪，准备给父亲提报。

杜健益没有管理团队，可是拥有很多专业咨询公司为他服务，经常听咨询公司的提报。当他听完杜佳锐的提报，知道儿子是用心了，资料很翔实，结论很明确。

杜佳锐最后的结论是：家族企业涉及的领域过于繁杂，这根本不符合投资的规律。应该集中在有优势的方面，所以，要对产业进行梳理，盈利差的、没有产业前途的应该放弃，集中在盈利好的、有前途的企业上。

杜佳锐对家族企业进行了分类，大致可以分为两类。

一类是服务性的：

· 创意产业园区、度假村、国际决策会议中心

· 宾馆、高尔夫球场、饭店、会所、浴场、茶餐厅

· 服装定制、画廊、拍卖公司

· 猎头公司

另一类是制造业，这种企业就多了，杜佳锐为此用了三张PPT来罗列。

杜佳锐最后的解决方案是：

服务性产业的投资方向有问题，比如房地产业的产业园区、度假村、国际决策会议中心之类的项目占用的资金大，而且没有银行的贷款，相对盈利慢。这样的产业应该变现，进军商业地产或者高档住宅，这样可以利用资金的优势，提升获利能力。

那些小的服务性行业，如饭店、浴场、服装定制、画廊之类的，根本就不能算是生意，应该剔除掉。

对制造业杜佳锐只有一个建议：父亲投资的这么多企业都是发展稳健、盈利良好的企业，除了一家啤酒公司，杜佳锐认为在啤酒产业整合的环境下，这么小规模的企业是没有前途的，建议剔除。

杜佳锐才讲完，杜健益就鼓起了掌，一边鼓掌一边说："嗯，不错、不错，有专业水准，很清晰，好！"

一边说一边拉儿子到身边坐下。

问儿子："佳佳，你研究了半年，最大的感受是什么？"

杜佳锐说："阿爸，你怎么会有这么多的产业？我怎么都不知道！

嘻嘻，我还一直以为我们家就是卖鱼头的呢。还有，这么多的产业你是怎么投资的？感觉很杂很乱，你又是怎么管理的？"

杜健益看着儿子疑惑的眼神，微笑着说："佳佳，我们爷儿俩今天好好聊聊天。爸爸做了这些年的生意也有了一些心得，一起分享分享，你听听看爸爸讲的有没有道理。"

杜健益对杜佳锐说道："你老爸从小不爱读书，小时候非常调皮捣蛋，经常闯祸，后来被学校开除了好几回，没地方读书了，干脆跟着你爷爷学做厨师。没想到你老爸天生就是一个做厨师的料，钻到厨房里就不出来了，觉得做菜开心得不得了。"

杜佳锐第一次听父亲讲自己的过去，兴趣十足地听着。

厨子的超级人脉学

杜健益继续说道："我们杜家是厨师世家，祖上好几代都是在余杭钱家做厨师，所以你爷爷手上有很好的厨艺，看我这么喜欢厨艺，就把所有的本事都教给了我。所以，我在老家名气是很响的。但是，你爷爷教给我最有价值的不是他的厨艺，而是他的两句话。"

见老爸停了下来，杜佳锐着急地问："阿爷留给你两句什么话？快讲呀！"

杜健益见儿子着急的样子，笑笑说道："你阿爷经常唠叨的两句话：锅小天地大，位卑人头广。"

"锅小天地大，位卑人头广。"杜佳锐也跟着念叨了一遍，心里觉着这两句话并没有什么高深之意。

只听杜健益说："开始的时候，我也没有品出这两句话的意思，时间久了才慢慢悟出其中的奥妙。锅小确实天地大，别看是烧饭做菜，其实这里面蕴含了很多的道理。比如，就拿烧鱼来说，不同季节的鱼，味道是不一样的；不同大小、不同性别的鱼，鱼的味道也是不一样的；一条鱼不同的部位，鱼头、鱼身、鱼尾、鱼鳍、鱼杂味道也不一样，不同的鱼在不同的季节，不同的大小、性别以及不同部位，都应该烧出它本来的味道。所以即使同一种鱼就会有很多种的烧法，而且同一种烧法，还会有很多种的不同。”

杜佳锐听得入了神，原来烧鱼有这么多的讲究。

杜健益见儿子来了兴趣，接着说道：“这还是最基本的，任何一种厨艺都有养人菜、伤人菜之分。一个好的厨师，要根据吃者的年龄、性别、体质、身体状况以及所处的季节来备菜、掌勺。这些因素都考虑到了，做出来的菜就是养人的菜，否则即使做得再好吃，也会吃伤人的。”

见儿子张大着嘴的样子，杜健益摸着儿子的头说：“这个锅里天地大不大？”

杜佳锐点点头，由衷地说：“原来做个好厨师要懂这么多东西！”

杜健益说：“是啊，以前的好厨师都不是饭店里的，都是在大户人家，我们祖上好几辈人都是在余杭钱家做厨师的，这些厨艺思想就是在那里积累下来的。如果认真地去琢磨你会发现，这其中很多道理，不仅仅在做饭上管用，放到外面去做事、做人也是非常管用的。所以，你爷爷说锅小天地大，是很有道理的，厨艺根本就不是一种技艺，而是一种学问。”

“位卑人头广呢？”杜佳锐有点急不可待地问。

杜健益接着说：“厨师的地位是不高的，在过去厨师的地位更低。但是，当你会烧得一手好菜的时候，你会发现你会结识一批人，因为人都是爱吃的，特别是当你掌握了顶端厨艺的时候，你不仅能结识很多人，而且结识的人的层次还很高。”

杜健益停了一下说：“当这些高层次的人遇到我这样一个很有见识的厨师的时候，他们很容易与我交朋友。位置越高可以交流的人越少，而我们这样的厨师对于他们来说，是有很大差距的，在过去，说得不好听点，我们厨师就属于下人，下人对他们是没有威胁的，加上这个下人还很有见识，他们自然就愿意与我们交朋友，而且是真朋友。所以越到后来我越能感悟到你爷爷说的‘位卑人头广’的含义。这种高层次的朋友多了，会有什么结果呢？各种各样的生意机会就会很多。这二十多年来，什么股票认购证、房地产等等，任何一个可以快速赚钱的机会，你老爸都没有错过。”

杜佳锐问道：“阿爸，那你为什么还做厨师呢？”

杜健益摸小狗一样摸着杜佳锐的后背说：“开始的十几年，不管是股票也好，房地产也好，爸爸都赚了很多钱，但是，老爸还是开饭店，你知道为什么吗？因为，老爸知道这些钱都是因为开饭店认识高层次的朋友多才赚来的，不是你老爸自己赚来的，根本还是你爷爷的那两句话‘锅小天地大，位卑人头广’。所以开始的十年，你老爸虽然稀里糊涂赚了不少钱，可是还是一门心思放在厨艺的研究上，我越是这样，我的那些高层次的朋友与我的关系越是好，而且这样的朋友越来越多，自然赚的钱也越来越多。”

杜健益喝了一口茶，接着说道：“大概十年前，爸爸的朋友越来越多，而且老爸的厨艺也到了一个高度，开始懂得触类旁通了，总结了之前的经历，把你爷爷的两句话归纳成了一句话。”

见老爸又喝茶了，杜佳锐赶紧给老爸续上水，催着说：“什么话？”

杜健益很郑重地说：“经营人脉，更为准确地说是‘经营精英人脉’。”

杜健益紧接着说：“我回顾了之前十几年的经历，感悟到这么两点：第一，我其实不是在开饭店，而是在经营精英人脉。你爷爷教给老爸的也不是什么厨艺，而是为精英人脉服务的方法。第二，老爸之所以能在前十几年里有这么多朋友，而且朋友越来越多，是因为老爸对厨艺的见识。应该说，前十几年里老爸稀里糊涂地就赚了很多钱，但是，老爸并没有被这些钱改变什么，而是在不断地钻研厨艺，并把这些感悟与那些精英朋友分享。朋友们看重你老爸的，我觉得有两个方面：一方面是本分，热衷于自己的厨艺，有了钱也没有张扬，别人也不知道我有很多钱。另一方面是分享对厨艺的见识，这些见识对精英人脉一样是有参考作用的。一个很本分又有见识的人，而且与他们在社会地位、层次上都有差距的人，人家是很容易把你当知己的，知道为什么吗？因为这让他们有居高临下的感觉，很安全。”

杜健益有些得意地说：“领悟到经营精英人脉这个道理以后，我突然有种豁然开朗的感觉，一下子明白了很多事，之后的十年我基本就围绕着两点在做：第一点，为精英人脉服务；第二点，提高自身的见解能力，并与精英人脉分享这种能力。这第二点，我觉得是真正让精英人才围绕在我身边的原因。”

“阿爸，你说的见解能力是什么呢？是指思维方法吗？”杜佳锐显然对父亲讲的东西产生了浓厚的兴趣。”

杜健益皱起眉头想了一下，说：“嗯……我说的这种见解能力，我的那些朋友说叫做理性思维。我自己的感觉，这不是一种思维方式，更像是一种思维状态。我的体会是，我们平时所理解的思维方式会束缚我们的思想，让人以一种固定的模式去看事物。而理性思维更像是一种思维状态，一种与我们平时不一样的思维状态，它让人能够抛开以往的经验、知识、固执、偏见，当然还有欲望，能够很平静、很客观、很真实地去发现事物的内在规律。这是我在研究厨艺的时候感觉到的，你老爸在研究厨艺的时候，有时候可以忘了吃饭、睡觉，一个人在厨房里几天几夜研究一个菜。为了一个菜，我会跑到图书馆去研究各种资料，完全处在另外一种状态的感觉，在那种状态中非常开心、满足。从一个菜开始，可以看到这个菜后面的许许多多东西。”

杜佳锐突然明白了，这就是父亲的产业结构，这种产业别人想学都没法学，这是父亲独一无二的生意。第一类服务产业就是用来服务精英人脉的。第二类的制造产业是父亲投资这些精英人脉的。杜佳锐向父亲说了自己的理解，杜健益点了点头。

但是杜佳锐又向父亲提出了一个问题，他不太理解在父亲众多的产业中为什么会有发展并不怎么好的啤酒公司。

杜健益把杜佳锐拉到身边："这也是我今天想要和你谈的事。我们家起家的是饭店，到现在人家也以为我们家是卖鱼头的。但是真正给我们家带来大量财富的，不是我们的饭店，而是健益啤酒公司。

"最早我们从余杭来杭州，就是接收了这家快要倒闭的国营啤酒公司，改名叫健益啤酒公司。没多久杭州的房地产开始热了，爸爸的朋友让我把这块地入股房地产公司，把啤酒公司搬到了郊区，结果郊区的地价又涨了。这十多年里，这家啤酒公司不断地往外搬，每搬一次就在房地产上大赚一次。

"啤酒业竞争太激烈了，房地产的回报也太高了，所以我们也一直没有好好地投入精力去做过，原来在杭州的市场差不多也都丢掉了，现在除了在'随心所鱼'里还卖几瓶健益啤酒外，在杭州基本是看不到了。

"健益啤酒公司是我们家起步的地方，按照道理是应该放弃的，退出啤酒业。但是前几天我在想一个问题：作为父亲，我应该要传给我儿子什么东西呢？你未必会喜欢厨艺，做好厨师是要有天赋的，所以我希望你回来从某一个实业开始尝试。爸爸觉得，要学会投资首先要从做实业开始，就像我开饭店一样，从饭店开始，做通、做透，这样打好思维上的根基，有了思维的根基，人有了见识能力，再做投资也不晚，这些东西都是相通的。所以，我想健益啤酒就是一个不错的平台。能把这个啤酒公司弄活了最好，也能让大家看到你的能力，将来融入爸爸的团队也容易。弄不好也不要紧，通过它建立你的团队，再找一个企业来尝试。"

这一晚给杜佳锐的冲击是巨大的，他一直以为只会卖鱼头、喜欢与朋友闲聊的父亲，居然说出了一番震撼他心灵的高论，他的内心告诉他，这才是他需要去学习的，他的心中有了一个决定，他要在他父亲起家的地方第二次创业——就用他父亲教他的方法。

半个月以后，健益公司就向广告公司发出了比稿邀请。考虑到健益公司几乎没有什么知名度，公司给每家参加比稿的企业的比稿费是20万元。

第一次沉静考验

这个年头，随便一家有点规模的企业说要比稿，广告公司都会挤破头去比个你死我活，更别说是有20万元的比稿费了。比稿邀请函发出去一星期，健益啤酒公司就收到了很多广告公司参加比稿的回复函。

关莹所在的T&T公司也在其中。

关莹进入T&T公司一个星期后，终于明白了HR经理焦先生在面试她时，告诫她进入公司以后要经得住考验是什么意思了。

原来，关莹所在项目组的组头Alina是个27岁的漂亮女人，她不但人长得漂亮，而且还有一手绝活，虽然在专业上不怎么样，但是她很懂得如何让男人，特别是优秀的男人对自己言听计从，所以她能把老板以及客户轻松搞定。她在老板的眼里就是一件秘密武器，她搞定客户，老板卖出创意，等把客户做成熟了，再转给其他的项目组，而Alina只负责维护客户与老板的关系。

开始的时候，老板也防着Alina，看她这么能搞定客户，万一把客户带跑了怎么办？所以，老板一直想把她提升做副手拉拢她。但是，这样的女人通常都有一个通病：人际关系极差，周边的人除了老板谁都不放在眼里，而且对同事、下属极其挑剔、尖刻。所以，老板虽然想提拔她，但是整个公司的人都很反感她，后来老板只能让她做个组头。只要老板听自己的，做什么职位Alina倒也不在意。

因为Alina的这种为人方式，她的项目组人员跳槽率在公司里常年名列前茅。她下面的AE(客户主任)，最长的也没有熬过半年的。后来有一次老板专门找她谈话，告诉她就算把全公司的人都得罪完了，你也要有个自己的人吧，下面的AE不能流失得这么快，哪怕是做做样子也得留住一个。于是，她终于忍住了自己的性子，结果两个AE中还真的留下了一个格蕾丝。

不过格蕾丝是个很有心机的女孩，她不是名牌学校毕业，而且入职简历也是编造的，焦先生知道进入Alina项目组的时间也待不长，所以对格蕾丝的简历也没有审核，就让格蕾丝混了进来。格蕾丝给自己定了一个目标，既然侥幸进了T&T公司这样在国内广告界有点知名度的公司，无论如何也要得熬上3年，有了这3年的资历以后再去其他好的广告公司就容易了，所以格蕾丝忍了下来，全公司的人都觉得她是个奇迹。

后来，Alina越来越倚重格蕾丝，看到她承担的工作越来越多，担心工作太多、压力太重把她也吓跑了，就想再招一个AE进组，分担格蕾丝的工作。但是转念一想，能再找个像格蕾丝这样的AE可不容易，弄不好待不了几天又走了，那怎么办？于是想了一个两全的方法，与其再招一个AE进组，不如给格蕾丝配个助理，这样既能发挥格蕾丝的积极性，自己也可以不用得罪人了，弄得AE三天两头跳槽，她自己的面子上也不好看。于是，关莹就成了格蕾丝的助理，也是全公司唯一的AE助理。

格蕾丝看到自己得到Alina的重视，还给自己配了助手，之前的小心翼翼、忍辱负重不知不觉地去掉了不少，有种熬出头的感觉，于是Alina原来怎么对待格蕾丝的，现在格蕾丝就怎么对关莹，甚至变本加厉。

开始两天，关莹还把格蕾丝对她的苛刻当做是公司对新人的严格要求呢。可没几天就发现格蕾丝有些过分了，感觉她是在把自己当使唤丫头对待。比如帮她倒水、跑腿买盒饭、买零食……态度还非常差。关莹有些生气，气了好几天，心里一直在想如何对付格蕾丝。她把遭遇和愤怒写到了她的虚拟空间里——那个海岛上的山洞里。

没多久，米尔森就在她的山洞里给她留了言。

看了米尔森的留言，关莹才意识到：这种时候，正是锻炼自己沉静能力的好时机。风平浪静时的沉静不是真正的沉静，只有在面对挫折与不公的时候还能做到，这才是真正的沉静。于是，关莹加强了沉静练习。以前练习沉静是早晚各一次，早上那次2～3分钟、晚上那次30分钟。现在，关莹分别延长了时间，早上早起半小时，把原来早上2～3分钟的时间增加到了30分钟，晚上增加到了一小时。

在练习中关莹找到了一些新的窍门，以前她晚上虽然能静坐半个小时，可是真正能什么都不想的沉静，大概也就只有10分钟，其他时间总是克制不住地一会儿想这个、一会儿想那个。关莹那天晚上在做一小时沉静练习的时候想到，与其东想西想，不如想想格蕾丝吧，于是一个又一个格蕾丝欺负自己的情景一幕接一幕地出现在自己的眼前，不一会儿潜意识反应器中的情绪出来了。

关莹突然有种很特别的体验，她感觉到在用自己的显意识看着潜意识反应器里出来的情绪，像一个旁观者一样地看着它，看它在那里生气、抱怨、不满，这时关莹的显意识很清醒，一点也没有受到反应器的情绪影响。关莹明白了，原来生气的是自己的潜意识反应器，自己的显意识受到了它的影响，一起跟着生气了。于是，在沉静的状态中关莹向潜意识发出了指令：删除它！果然，关莹在心中这样默念了几遍以后，潜意识的反应器居然慢慢地平静了，格蕾丝那张讨厌的脸也不见了，内心恢复了宁静。关莹一感到宁静就让反应器沉静下去……关莹并不知道自己沉静了多久，感觉要比以往的时间长，实际上她比原来沉静的时间整整多了一倍。

第二天早上，关莹又用这种方法练习了沉静。

在进办公室之前，关莹告诉自己的显意识：不管反应器发出什么情绪，都别受它的影响，静静地看着它，然后删除它。

说句老实话，有事的时候要做到沉静还真是不容易。开始的两天，关莹遇到格蕾丝的刁难，还是会有很强烈的情绪产生，但是有了强化沉静的训练，反应器爆发出来的情绪没有前几天那样强烈了，关莹的显意识能够控制住自己不受潜意识反应器爆发出来的情绪影响。她发现这种情绪在练习沉静的时候，是很容易删除的，可是在现实中却很难删除它，关莹到后来只能努力控制自己的显意识不受情绪的影响。

但这种控制是要付出代价的，关莹的胸口觉得异常的闷，伴随着一阵阵的针扎一样的刺痛，好像有个东西要往外冲一样，关莹知道那是反应器要反应，但是又得不到反应的缘故。实在难受得不行了，关莹偷偷跑到厕所，痛痛快快地哭了一场。哭完，关莹并没有感到难过，反而感觉到一种轻松，她突然感觉到“自己”成长了，有了一种质的突破。

格蕾丝看到关莹眼睛红红地回来，心想小丫头终于忍不住了，可是奇怪的是，自从关莹哭过以后，格蕾丝突然感觉到关莹好像成熟了，面对自己的刁难，就像是一个大人在面对一个刁蛮的小孩一样，她觉得自己就像是一个小孩，这让格蕾丝非常不开心。格蕾丝有点看不懂关莹是什么路数了，自己这样刁难她，小丫头居然没有生气，看上去还挺高兴的，于是，她加大了刁难的力度，经常在大堂里训斥关莹。

结果，边上的人都看不过去了，议论纷纷，都说谁带出来的人就像谁，而且青出于蓝而胜于蓝，格蕾丝比Alina更坏。

这话由老板那里传到Alina的耳朵里。Alina心想，这不是在骂自己吗？仔细观察了两天，也觉得格蕾丝做得太过分了，自己虽然对下属严厉，可是从来没有把她们当过使唤丫头，更没有在大堂里大声呵斥下属。这个格蕾丝怎么可以这样呢？于是Alina把格蕾丝叫进办公室，原来想好好修理她一番，可是又担心把她给骂跑了，只好忍住火和格蕾丝谈了一次话。

之后格蕾丝收敛了很多。不过心中却开始怀恨起了关莹，以为是关莹在Alina那里告了她的状。她的心里突然觉得，关莹年纪比自己小了很多，但是比她更有心机，比她更沉得住气，居然能这么平静地承受她的刁难。因为她的原因，公司里的同事都很认可关莹。从Alina与她谈话的口气来看，Alina这个女人居然对关莹有了好感，格蕾丝感觉到了压力，在心里告诉自己，以后要多多提防这个小丫头，找机会打压这个丫头，不能让她的风头压过自己。

Alina通过这件事意识到了两点：

第一，她确实有点喜欢关莹，这在她以往的经历中是没有的。觉得这个女孩真的不错，很能沉得住气，有种很好的气质，做事也很稳妥，一点都不像外地女性那样不懂规矩，而且她的穿着打扮极为得体考究，很有品位，这点让她更为喜欢。更为关键的是，关莹与她一样是宁波人。

第二，从格蕾丝的身上，她突然意识到自己以往的问题了。格蕾丝就像另一个自己，她突然有种厌恶的感觉。她的心中有种要改变自己的想法。

关莹通过这件事有了几点收获：

1. **对沉静练习有了自己的心得**。在沉静的状态中，回想会引起情绪的影像，用显意识客观、冷静地去看着它，任由情绪在内心中爆发。但是，要控制自己的显意识不要受情绪的影响，等到情绪爆发过以后，给自己的潜意识下指令：删除它。这样，这种情绪在实际环境中就会逐步变弱直至消失。关莹给这种方法起了一个名字叫“观想”。随着关莹练习次数的增加，她发现这是一个很有效的方法。她把这个方法试着用到自己的恐高症上，结果，她发现自己的恐高症消失了，她敢站在位于30层楼高的公司窗边看外面的风景了。从这件事开始，关莹真正喜欢上了沉静练习，她审视自己的内心，把一些不良的心理反应一个个拿出来观想，然后一个个删除，这让关莹越来越觉得自己正在变成一个全新的自己。

2. **面对困难的信心**。以前关莹面对困难的态度就像打游击一样，打得赢就打，打不赢就走。如果没有上过米尔森的课，自己遇到这样的事一定是选择离开，以自己的条件在上海找份工作并不是什么困难的事，再加上背后有个神奇圈的支持，找份好工作就更容易了。但如果真的走了，自己除了得到一肚子气以外，什么也没有得到，而现在自己得到了很多，还包括同事的认可，HR经理焦先生甚至专门请自己吃饭，夸她经受住了考验，还说因为她的原因，最近Alina都有所转变。由此，关莹明白了困难对人生的意义以及有了挑战困难的信心与勇气，困难+“观想”会让她越来越完美。

3. **对自己最有帮助的人，是反对、刁难自己的人。**从这件事上关莹得出了这样一个结论：如果没有格蕾丝对她的刁难，她也不会有这些收获，换个角度来看，真正对自己有帮助的是反对自己、刁难自己的人。从内心里她真的非常感谢格蕾丝。

Part 12 职场很残酷，独自去担当

一个人的调查

考验一个接着一个，第二个考验马上就来了，Alina从老板那里挣来了健益啤酒公司比稿的任务。

像比稿这样的事情，老板一般不会让Alina出面。比稿，比的是公司的综合能力，而不是脸蛋，没有专业水准是搞不定客户的，老板很知道如何使用她。但是Alina一定要接这个项目来改变自己的形象，老板也拿她没有办法，男人总是拿自己喜欢的女人没有办法的。T&T公司从来没有做过啤酒项目，老板也想从这个项目开始为以后自己拓展啤酒行业积累经验。于是把北京、广州两个分公司的客户总监、创意总监都调到上海公司，还从上海三得利啤酒公司找了一个做深度分销网络的老手做顾问，组成一个强大的比稿团队，老板亲自挂帅支持Alina。

根据老板以往的作业习惯，前期研究的重点会放在消费者调查上。既然健益公司给了20万元的比稿费，老板也没有准备赚这钱，他准备拿出两周时间到杭州及周边的嘉兴、湖州、绍兴、宁波做消费者研究和渠

道研究，把这20万元都花了。

时间安排是：

1. 调查前准备一周，用来给调查公司做简报，确定调查执行方案以及确定T&T公司由自己执行的渠道调查方案。

2. 调查实施两周。

3. 再用一周时间出方案，做创意作品。

Alina根据老板的规划安排了人员分工，格蕾丝被安排负责收集市场信息，关莹因为本身是从杭州来的，再加上Alina看关莹越来越顺眼，就想把她带在自己的身边，于是安排关莹跟着自己去杭州做市场调查。

格蕾丝看到这样的安排，心想不好，这样一来关莹不是与Alina走得近了吗？对自己不利，而且像这么大规模的消费者调查、渠道调查自己从来还没有参加过，她可不想失去这次机会。于是，格蕾丝找到Alina，表示非去杭州不可，收集信息的事情可以交给关莹去做。Alina担心关莹才来公司不久，还没有独当一面地工作过，怕她不能胜任。格蕾丝保证她一定会给关莹交代清楚的，告诉她如何做，肯定不会耽误的。见格蕾丝这么坚决，Alina同意了格蕾丝的要求，于是，整个项目的信息搜集任务就落到了关莹的头上。

随后，格蕾丝就对关莹下达了任务，她的任务下达得超级简单。她告诉关莹，收集所有与啤酒相关的信息。关莹当时听得有点不知所措，问她具体需要哪些信息？格蕾丝说，你把能收到的啤酒信息全都收集来，时间是她们市场调查回来之前。

格蕾丝之所以这么说，一是她自己也没有想明白应该收集哪些信息，而且公司在这方面也没有什么专门的方法；二是她也想给关莹出出难题，关莹做不好可以打击她，就算做好了，也是自己的功劳，所以她也就懒得去想要怎么做，反正有三周的时候，让关莹自己去做吧。

刚从格蕾丝那里接到任务时，关莹有点蒙，所有的啤酒信息，这范围也太宽了吧？就算真的把所有的信息都找来了，谁有时间去读呢？

心里没有想明白，不免又有些焦虑，她知道这是格蕾丝在耍她，她想找Alina去问个明白，可是觉得这会不会让格蕾丝觉得她在告状？拿不定主意，关莹心里觉得好烦。

烦了一会儿，关莹就意识到了，这是又一个考验，要相信自己，只要沉静下来，任何挑战都可以去面对，于是很快她就让自己沉静了下来。

白天在公司琐事太多，突然之间来了一群各地公司的总监，安排他们的食宿，衔接他们的工作行程，传递各种项目信息，与市调公司确认会议时间……所有跑腿的事都落在了关莹的身上，根本没有时间静静思考收集信息的事。

晚上坐9号线的末班车回到神奇圈，关莹没回房间直接来到楼上的洗浴中心，按照每日的健身方案做完按摩，把自己泡在池子里。

关莹看着外面的星空，慢慢闭上眼睛让自己彻底放松、沉静。一天的疲劳好像浸出了体外。关莹再次感受到那种宁静的感觉，很静、很静，仿佛能听到自己血液流过大脑的声音，就在这种宁静中，关莹的显意识向潜意识提出了“该向潜意识提什么问题”的问题。

不一会儿，潜意识给显意识这样几个选择：收集什么信息？这次比稿需要什么样的信息？比稿团队需要什么样的信息？老板需要什么样的信息？

关莹仔细地分析了这几个问题，认为，“老板需要什么样的信息”更为准确，因为她听Alina说过，这个公司里的人都是摆设，其实就是老板一个人在撑着，老板才是真正有创意、有能力的人，Alina平时根本不把那些人放在眼里也是这个原因。所以，所谓收集信息其实是在给老板收集信息，让他更快地了解状况。想明白了以后，关莹重新让自己静了下来。

感觉潜意识的反应器静下来以后，关莹的显意识给潜意识提出了一个问题：**这次健益啤酒的比稿，老板需要什么信息？**

心中问完问题，关莹继续沉浸在思考中……

按摩过后很松弛，泡在水中听着若有若无的背景音乐，关莹不知不觉睡了一觉，不知过了多久，半睡半醒间，关莹的心中突然出现一个闪念，这种闪念的出现伴随着一种很强烈的兴奋感，她醒了，她知道潜意识给她答案了。她并没有急着起来，而是让那兴奋感觉渐渐消去。她记得米尔森说过，不要受这种洞察带来的兴奋感影响，这会破坏后续的洞察，洞察是一种显意识与潜意识反反复复沟通的结果。

兴奋感消除了以后，关莹静静地审视刚才那一闪念的影像。

她感觉这一影像可以用米尔森“做事循环圈”中的工作分级方法，从紧急、不紧急两个方面去梳理：

紧急的重要事：啤酒品牌特别是在浙江的、杭州的广告信息，这些信息是马上可以得到的，可以让老板以及项目组的成员有个初步的了解，这个不能等，要抓紧。

不紧急的重要事：健益啤酒公司其实是处在一个行业、市场系统中。这个系统中各个方面的关系、因素，在历史的过程中对健益啤酒产生了作用，结果造成了健益啤酒公司这种现状。那么，这种关系、因素在历史过程中的变化就是重要信息。这些信息是老板将来做策略方案时所需要的。这些信息可以在项目组去杭州以后慢慢收集，但要想得更细致、全面……

把思路想清楚了以后，关莹急急地披上浴袍，把刚才的想法记在了自己的笔记本上。

第二天一早，关莹早早地到了公司，填了一份给媒介部的工作单，要求在他们在公司付费的梅花网上收集几个品牌在杭州、浙江的电视、平面媒体上的广告。关莹确认了昨天的会议纪要，在调查品牌栏里填了：青岛、雪花、红石梁、西湖、千岛湖、三得利六个啤酒品牌。

一上班，关莹就让格蕾丝、Alina在工作单上签了字，交到了媒介部。因为这个项目是老板亲自挂帅的，所以媒介部动作很快，午饭前关莹就收到了媒介部发来的一个超大压缩文件包，几个啤酒品牌的电视广告、平面广告都在里面了，关莹马上转发给项目组的所有成员。

下午的时候，老板突然跑到关莹的格子间前面，把Alina也叫了过来，当着Alina的面，让关莹找创意部，把她中午转发的邮件中的平面广告都打印出来，放到会议室信息墙上，并在会议室屏幕上循环播放电视广告。

下班前，关莹把所有的打印出来的广告贴到了提案板上，并在每个广告板的眉头上用漂亮的瘦金体写出了广告投放的区域、媒体形式以及播放频次，然后挂到了墙上。电视广告也滚动播放，会议室里的气氛一下就出来了，老板看了很满意，夸关莹心细想得周到，手脚真快，字还写得漂亮，在会议室里办公的总监们都跟着夸关莹的工作效率高。

Alina听了很高兴，格蕾丝心里则很不爽。她不希望关莹太露脸了，心里想着要把关莹与老板隔离开。想了一会儿，在下班前通知关莹：

1. 明天起不用管项目组这边的事了，专心做好信息收集的工作。

2. 以后收集到的信息都发给她，由她审核以后再发给其他成员。

3. 明天上午不用到公司来上班了，去上海图书馆把相关的资料复印回来。

关莹正为没有时间考虑下一步收集信息的事着急呢，格蕾丝这么一来，正好又帮助了她。

第二天一大早，关莹来到了上海图书馆。

在杭州读书的时候，关莹就喜欢去浙江省图书馆看书、发呆，还有看帅哥，她对图书馆有种特别的情感。

到了上海图书馆，她并不急着找资料，而是上上下下地转了一圈，没想到来的人还是蛮多的，没有空座位了。于是关莹来到了咖啡厅，找了一个特别舒服的沙发坐了下来，点了一杯拿铁咖啡，喝着咖啡，心里觉得特别轻松，她想借着今天的机会，把如何收集信息的总体计划想一下。

关莹靠在沙发背上，在书香与咖啡香中让自己沉静了一下，把前天晚上在洗浴中心出现的那个闪念进行了回顾，那个闪念在脑海中好像可以变成一幅画面：

画面中有一条射线，这条线就是健益啤酒的发展历史，似乎有个声音在告诉她，健益啤酒的发展历史就像一个故事，随着这条射线的延伸，会有很多角色出现、很多情节发生，这些角色、情节决定着健益啤酒这个故事的过去、现在、将来。

关莹在笔记本上把这条线画了出来，并向潜意识问了一个问题：有哪些角色？

今天也许是状态特别好，潜意识马上给了她答案。

关莹的心里有一阵很兴奋的感觉，不过她马上意识到这种兴奋感会妨碍对答案的审视，于是，虽然不好压，但关莹还是努力把自己的兴奋感压了下去，在心里审视出现的心理影像。

关莹好像看到一幅画面，是刚才画的那条射线的切面，里面好像是一条像电视信号线那样的电线，在这条电线的外面包了几层东西。关莹能够感觉到：

一层是全国范围的各种因素。

二层是浙江范围的各种因素。

三层是杭州的，是健益公司的各种因素。

三层关系一层一层相互关联着、制约着，紧紧交织在一起。

关莹心中越来越明白，她告诉自己，只要把每一层的细节都罗列出来，理清之间的关系，自己要收集什么信息就很清楚了。这时她发现米尔森的绘图方法是个好工具，她把能想到的细节用线和框都画了出来，然后又画成了结构图。画完结构图，关莹又按照结构图把信息收集规划写了出来。

写完规划，关莹来到了阅览室，把所有的关于啤酒的杂志、报纸、期刊统统都调了出来，她发现没有个3～5天这些资料是查不完的，于是，她就抓紧时间查了起来，每天把找到的资料进行拍摄，下班前赶回公司，把拍摄出来的资料进行打印、归类，用活页夹装订成册交给格蕾丝。

说句老实话，格蕾丝这几天也忙得够呛，所有的琐事都集中到了她的头上，她也第一次遇到这么大的行动，又想给大家留个好印象。然而，关莹发给她的文件以及放在她桌子上的资料她根本没有时间看。一听说关莹要在图书馆查三天，她倒是很开心的。她告诉关莹不用着急，慢慢找好了，她希望在她们出发去杭州之前，关莹最好都不要出现在办公室。

关莹花了三天的时间，把需要的资料都找了出来，拍摄、打印、分类、装订。之后就回到公司在网上搜索资料。回公司的那天，公司的大队人马去了浙江开始市场调查。

虽然关莹专心于资料的收集，但是没能参加公司这么大的调查活动，心里还是有些遗憾的。用了三天的时间，关莹差不多就把网上的资料都找齐，分好类，做成压缩文件包发给了格蕾丝。格蕾丝自己在杭州忙得不可开交，也没有顾得上她，就没有给她布置什么新的工作。

闲着没事，关莹把所有的资料都很认真地读了一遍，当做是对这个行业的了解，一边读一边把其中一些数据用Excel表格做成了图，关莹想这些图在提案时一定是有用的，在杭州公司的时候她就这样做过。

等全部读完，关莹的头脑中突然对啤酒行业有了一幅画面，在她心中，中国的啤酒版图就像是一个比赛擂台。上面有两大高手：一个高手是青岛啤酒，他的绝技是点穴，在全国市场到处点穴，而且一点一个准。

还有一个高手是雪花啤酒，他就像是一个练“铁布衫”的高手，在全国练成了三块“铁布衫”，一块是四川周边（不过，重庆这个窟窿没有练上）；第二块是安徽，这块练得很扎实，没窟窿。第三块是东北，要不是哈啤倒戈，留了块大窟窿，这块也差点被练成了。

还有两家外国啤酒公司也是练“铁布衫”的，比较有特点，都是走边缘路线的：

一家是英博公司，他的路线与鸦片战争一模一样，从广州开始一路收购，在广东参股了珠江啤酒，在福建拿下了雪津啤酒，在浙江拿下了K牌、双鹿、红石梁，在江苏拿下了南京的金陵啤酒，它在中国东南沿海站稳脚跟后，又向内地推进，收购了湖南的白沙、湖北的金龙泉。

还有一家是嘉士伯，它走的是中国内陆边缘，从云南开始，收走了西藏、哈密、青海的啤酒公司。

浙江市场就是雪花啤酒与英博这两个中外“铁布衫”高手交锋的地方。

雪花啤酒以安徽为基地挺进浙江北部，收购杭州的中华啤酒、西泠啤酒、嘉兴的银燕啤酒，差不多完整地占据了浙北市场。而对面阵营是英博大军，他们的阵势是以K牌、双鹿压阵，红石梁做突击兵，杭州、绍兴、宁波是他们的主要交战区，西湖啤酒、千岛湖啤酒、健益啤酒是小牌子，就好像是挤在正在打架的两大高手中间的小孩，被伤害在所难免。西湖啤酒本来就被日本朝日啤酒收购了，而千岛湖也被日本麒麟啤酒收购了，这样至少有了暂时抗衡的实力，可是健益啤酒就惨了，属于想投降都没人要的那种。

她越看越觉得有意思，好像就在看一本啤酒战争的小说。周末的时候，关莹写了一篇博客，把她最近对啤酒市场的研读心得写了上去。女孩们纷纷留言说关莹成了啤酒专家了。关莹知道，小组成员们能看到她的博客，就说明她们都成了神奇圈的正式学员，心中不禁为她们高兴。

第二天一早，关莹就看到米尔森在她的博客中留言，让她找个啤酒行业顶级专家全面了解一下，这样对她更有帮助。这倒是提醒了关莹，关莹给神奇圈写了一份支援申请书，请她们给找一个啤酒顶级专家，最好是熟悉浙江市场的。

神奇圈的服务效率真的让关莹觉得非常高，当天晚上，艾米就给她来电话，告诉她周一约了啤酒营销专家。

与啤酒专家的见面让关莹获益匪浅，专家对关莹关于啤酒擂台的认识表示了极大的认同。这给了关莹极大的信心，结束谈话时，关莹觉得自己差不多已经可以成为一个啤酒营销专家了。

当专家知道关莹是从杭州过来的时候，建议关莹找一下当地做酒水或者餐厅的朋友了解一下，杭州的酒水渠道是很特别的一种情况。

经专家这么一指点，关莹想起来了，杭州一家最大的酒水经销商就是原来公司的客户，于是，凭着关莹过去的好人缘，她又向原公司的老同事了解了杭州的渠道情况。

当第三周快结束的时候，关莹的心中突然冒出了一种很失望的感觉，从她三周的调查研究下来，她发现健益啤酒是属于那种想投降都没人收，想卖也没人要的公司。要在雪花啤酒、英博鏖战正酣，说不定青岛还随时都会点穴进来的情况下，要把健益啤酒这个既没有品牌又没有市场，还没有营销队伍的“三无”企业在杭州市场做活，实在有点不太现实。

就在关莹对健益失去信心的时候，去杭州调查的大部队也回来了。

T&T的提报

大部队回来的第二天下午，召开了健益啤酒比稿策略沟通会。

会议开始的时候，关莹发现老板并不在场，而是由上海公司负责策略的客户总监主持会议。

关莹看到，去杭州的同事们都一脸的疲惫，人也都黑了，格蕾丝更是瘦了两圈，一脸的憔悴。

会议才开始没有一会儿，Alina接了一个电话，突然冲关莹使了个眼色，让关莹跟她一起出去一下。

Alina带着关莹来到了老板的办公室，只见老板一个人坐在那里沉思。原来，老板想看关莹收集的资料，关莹说都交给了格蕾丝，让她审核去了。

可能老板急着要看资料，就来到了格蕾丝的桌子前，看到堆了一叠资料。关莹打开了自己的电脑，把收集的资料都调了出来。老板坐在关莹的桌子前看起了资料，让Alina与关莹继续开会。

原来，市场调查的结果十分不理想，老板从消费者这条线得到的结论与关莹的结论是一致的，以健益啤酒的现状，在杭州翻身的可能性几乎是没有的。一直以来都很有创意的老板这次也为这个项目犯愁了，他在没有清晰的想法之前不想进会议室，会议室从来都是展现他才华的地方，现在他需要更多的信息来刺激自己的大脑。

老板在关莹的桌子前看了一下午的资料，他只是在用信息刺激自己的大脑思维，并没有看进去太多的信息。不经意间，老板突然看到一条信息，关于杭州市大学生的政策，杭州政府多年以来实行的政策是，鼓励大学生毕业以后留在杭州，在当地就业……

看了这条信息，一个想法在他的头脑中慢慢发芽、成长了起来……

那头会议室里，几个总监分别通报了消费者调查、渠道调查的结果以及对健益啤酒公司访谈的情况。

特别让关莹感兴趣的是，由Alina向杜佳锐做的访谈。从杜佳锐的话语中，关莹仿佛听出一个意思，健益啤酒通过这次比稿，要解决健益啤酒的问题，但并不仅仅局限在啤酒问题。

突然有一个火花从内心闪现了出来，又伴随着一阵很强烈的兴奋感，关莹知道潜意识又有了新的想法。经过几次兴奋感出现的状况，关莹现在已经学会如何控制住它们，并且消除它们了。关莹消除了自己的兴奋，用潜意识梳理着新的想法。

介绍完情况以后，大家都进入了策略讨论，讨论从哪个策略角度规划这次比稿，现场讨论得很热烈。关莹负责记录，她认真地听着所有人的发言，暂时不去想刚才出现的心得想法。

开始的时候几个总监的讨论还比较靠谱。

但是，没多久就变成了总监们的相互挑刺、相互拆台了。Alina首先有点忍不住，离开了会议室，她知道这种会议是没有意义的，一群自作聪明的总监除了吹牛、自我标榜，什么也定不了，最后定方向的还得是老板。老板一直没有进来，Alina有点担心，想去看看老板怎么了。才开门，正好与老板撞了一个满怀，老板笑盈盈地进来了，看来是有了创意。

老板进来以后，让大家对比稿策略进行发言，几个总监和Alina及艺术指导都发了言，老板看了一眼格蕾丝以及文案、设计师，看没有要说的，又看了一眼在一边忙着做记录的关莹，问："关莹，你有什么要说的吗？"

关莹没想到老板会问自己，急忙在脑子里组织了一下，还没开口就听老板说："关莹的资料收集得很不错，很细致、很系统，这种框架今后可以作为公司收集信息的模板。"

原来老板并不认为关莹会有什么高见，也没有准备让关莹在这种级别的会议上发言，他只是想利用这个机会表扬一下关莹，刚才他看资料的时候，关莹整理资料的方式给他留下了深刻的印象。

老板开始说起了他的创意……

两周后，在西湖边上的香格里拉饭店的会议室，健益啤酒公司最后一场比稿提案即将结束。正在提报的公司是T&T公司。

在一周的提报时间里，杜健益听了两场提报。

听第一场，是为了向杜佳锐表示做父亲的重视。

听最后一场，是因为听说T&T公司挺有名气的，那个老板也挺有创意的，杜健益是个爱才的人，所以想来看看，这样正好也是有始有终。

杜佳锐每天都会向父亲通报当天的提报结果以及他对提报的分析意见。所以杜健益对各个公司提报的内容也都了解，说句老实话，都没有超出他的预料。

听两次提案，杜健益都没有坐在桌子前，而是坐在儿子身后靠墙的沙发上。这个位置让他能观察到在座的每一个人。

今天真正引起杜健益注意的不是T&T的提报，也不是T&T老板，而是坐在对面与他一样位置上的一个女孩，这个位置是提案助手的位置。杜健益不经意看到这女孩的时候，似乎从她的身上看到了什么很熟悉的东西，让杜健益有种亲切的感觉。

这让杜健益想了老半天，是什么呢？

是她的那种沉稳、平静的气质！这种气质与一般文静的气质是不一样的，那是一种明显经过内心修为才有的沉稳、平静，只有自己也经过这种修为才能感觉到。这让杜健益觉得非常惊异，这么年轻的女孩身上就有这种气质，难道她也会内心的修为？而且看她的职位似乎是公司最底层的，这让杜健益感到很奇怪。

一个小时的提报，杜健益没太注意T&T的提报，而是一直在观察这个女孩——她就是关莹。

不过说句老实话，今天T&T的提案还是有点新意的，T&T的提报策略也是比较有创意的。一开始，T&T公司就封死了健益啤酒所有的路，明确告知，健益啤酒公司在当前这种环境下，属于“想打没出路，想降没人收，想卖没人要”的境地。敢于这么直接把健益公司的尴尬境地说出来，杜健益并没有动心，倒是引起了杜佳锐的注意。

T&T老板指出摆在健益公司面前的出路是：

长期准备，等于是重新再做啤酒行业。

针对杭州的大学生市场，这是一个不断培养新杭州人，新杭州中高端人群的市场。

最为核心的一点，也是T&T老板那天在会议上提出的最为得意的创意——做全中国第一个“动漫啤酒”。

之后的提案就一直围绕论证“动漫啤酒”的可行性，以及推广动漫啤酒的营销传播计划。

T&T老板的提案很有煽动性，杜健益发现包括杜佳锐在内几乎所有的人都被他说得热血沸腾。只有两个人保持着平静，一个是杜健益自己，还有一个是对面的关莹。

杜健益看着这个女孩，就好像在一群异类里面看到了同类一样。杜健益知道T&T的提报不过是又一个动过脑筋的大忽悠。判断、分析都对，但是结论、解决方案不靠谱。

杜佳锐的兴奋让他有点失望，儿子还是有点嫩，有待历练。

就在提案即将结束前，杜健益给儿子写了一张纸条，就先去了隔壁套房。

杜佳锐见父亲留条子说，先不要让T&T走，也不要给结论，都到隔壁房间讨论。

T&T老板一提报结束，杜佳锐请T&T公司比稿团队先留一下，让服务员送上点心水果，自己带着评审团的人到隔壁去见父亲。

T&T老板一提报完，就预感到今天的提案十拿九稳，看那年轻老板的兴奋劲儿就知道。果然，提报结束后，健益公司的总经理请他们等着，还送上水果点心，这种情况在以往比稿中是没有的。T&T老板想杜佳锐一定是带着评审团队到隔壁去讨论了，弄不好今天就有结果。

大概等了一刻钟的时间，杜佳锐带着评审团的人以及杜健益鱼贯而入。让T&T老板有种不祥预感的是，包括杜佳锐在内的每个人脸上都没有刚才出去前的那种兴奋的表情，而且很奇怪的是每个人进来时都很仔细地打量了一眼关莹，好像关莹身上有什么不对一样。所有的人包括关莹在内都发现了他们这一奇怪的举动，一时间，让T&T公司的人都有些摸不着头脑。

所有人都坐定后，杜佳锐对T&T公司的提报作了评价。

杜佳锐首先感谢T&T公司为比稿作了精心的准备，这场提报是这次比稿以来，大家一致认为最精彩的一场。并当场给了T&T老板10万元比稿余款支票。

接着杜佳锐阐述他们对动漫啤酒的分析。他们认为，动漫啤酒的核心在于动漫故事，要有成功的、合适的动漫故事才能衍生到啤酒产品上，否则动漫啤酒是不能成立的。如果要找成功的、合适的动漫故事衍生到啤酒产品上，方法无非有两种，一是在现有的动漫产品中去寻找，这种动漫产品在国内基本上没有，在国外有，但是人家有自己的品牌定位，是不是会同意让你衍生到啤酒产品上，这是一个很大的问题。如果这条路走不通，那么第二条就是，自己创造适合衍生到啤酒产品上的动漫故事，这就带来一个问题，这样成功的概率会有多大？这里面包含了太多的不确定性。

听了杜佳锐的理性分析，T&T老板很吃惊，没想到健益啤酒公司的评审团能这么快、这么准确地点出自己创意的问题，连他自己也没有想到。他心里在失望中升起了一种对对方的仰视。

杜佳锐接着说道："按道理，他们不应该现在就公布对T&T公司的结论，这样比较失礼，但是考虑到今天是最后一场比稿，而且到目前为止，还没有得到一个理想的想法，所以，健益啤酒公司希望在最后一场提报后，当做研讨，大家畅所欲言，也许那些没有提报出来的想法中存在着好的想法。"

T&T老板有点喜欢上了杜佳锐这个年轻人，他觉得这个年轻人礼貌、理性，不是一个一般的年轻人。

让T&T公司的人畅所欲言，这让T&T公司的人有点为难了。今天提报的方案，是经过反复讨论之后才确定的方案，之前的方案没有一个比这个更适合，所以谁也没有开口，结果，差不多都是T&T老板在重复着说当时是如何思考。Alian在一边帮腔、敲边，说任何方案可不可行，只有在市场中实践过后才能知道是不是可行。没一会儿就有冷场的趋势。

其实，杜佳锐是得到了父亲的"旨意"，要想办法让关莹发言。

杜佳锐现在对父亲是崇拜有加了。刚才他们评审团队信心十足地进了父亲的房间，一致认为T&T的方案好，可是被父亲三言两语的点评马上觉得这是画出来的月亮，不可行的。杜健益告诉杜佳锐，在后面的会议中想办法让后排那个胖胖的女孩发言，杜佳锐有点没有搞懂，这个女孩能说些什么呢？父亲怎么会注意到一个小角色呢？

杜佳锐耐着性子没有和Alina辩论，等到有点冷场的时候，用很客气的目光，扫视着所有人，意思是：还有人要说吗？没有就要结束了。

T&T老板心中不无遗憾地开始收起面前的文件，这趟可能要灰溜溜地回上海了。

扫视完现场所有的人，杜佳锐稍稍侧过身，把眼光绕过T&T老板注视到了关莹的身上，笑盈盈地说："你，也可以说说嘛。"

Part 13 直觉对了，事就成了

关莹的发言

关莹在杜佳锐征询大家意见的时候就想发言，可是见大家都不发言，觉得自己这个时候发言显得有点不太合适，因为T&T的AE“基本动作”里就有一条，AE要专心做好记录工作，不要参与讨论，参与讨论会影响记录工作。虽然有些想发言的冲动，她还是克制住了，说到底，关莹从来没有经历过这种场面，对自己的观点，她心里也没有底。再者在这么多人面前说自己的想法，她的心里也没有准备好，有些怯场。

没想到杜佳锐最后直接问到了她，关莹下意识地看了一眼Alina的背影，一边笑着摇了摇头。

Alina其实是个很纯真的女人，这会儿正为要失去一个客户着急呢，看杜佳锐在问关莹，就回过头去看关莹，见关莹正好也在看自己，有种死马当活马医的心态，就对她说：“别害怕，有什么就说吧。”没想到她的这一鼓励，起到了效果。

关莹见Alina让自己讲，下意识地站了起来，说：“我们之前讨论健益

啤酒的时候，曾经有一个想法，给大家分享一下，也许有启发作用。”

关莹走到投影幕旁的白板前，在白板上画了一个圈，用漂亮的瘦金体在中间写下健益啤酒，下面画了一个朝上箭头，箭头下又写了五个字——“换个角度看”。

关莹转身说：“我相信，所有研究过健益啤酒的人都会发现，在现在这个竞争环境下要把健益啤酒经营好是非常困难的。从刚才杜总的发言中，也证明了这点，这次比稿到目前为止还没有发现令健益啤酒满意的方案。”

关莹停顿了一下又说道：“但是，我看了我们公司Alina经理给杜总做的访谈记录以后，给了我一个启发。其实，要解决健益啤酒的问题，我们要换个角度来看待健益啤酒。健益啤酒问题的实质，并不是要解决如何卖啤酒的问题，而是如何把现有的设备经营起来，在社会中发挥价值，能够获利。”

说到这里关莹停了下来，用目光注视杜佳锐以及旁边的评审团的人，见他们被自己的话语吸引了，就继续往下说道：“换言之，健益啤酒未来可能并不需要卖啤酒。那么卖什么呢？让我们来看看杭州市场这几年发生了什么？”

关莹又画了个圈，在圈里写下“杭州市场”，并在圈下面写了“啤酒饮料化”。

“杭州这几年，由英博收购的红石梁啤酒创造了一波‘啤酒饮料化’的趋势。杭州的西湖啤酒以及千岛湖啤酒都快速跟进了，西湖啤酒直接出了西湖淡啤系列产品，杭州市场是中国最早流行低度啤酒的地方。”

关莹说：“我们认为‘啤酒饮料化’是个很大、很好的战略概念，但是，作为啤酒饮料化的发起人红石梁、西湖、千岛湖好像都没有去深化这个概念。我们发现在啤酒饮料化的概念中，包含一个分支概念，就是运用啤酒技术生产‘啤饮料’。”

评审团有个专家发出一个很自以为是的声音：“是无醇啤酒吗？”

关莹答道："是无醇啤酒的技术，但是，不是无醇啤酒，而是麦芽度更低的'啤饮料'。"

关莹紧接着说："让我们来想象一下，啤酒，如果没有了酒，是什么？"

关莹又用眼光扫视了一遍健益公司的人，见杜佳锐被引起了兴趣，就用一种很坚定的语气说："是最健康的含气饮料！"

见杜佳锐眼睛一亮，关莹紧接着又自问道："为什么这么说呢？让我们来看看饮料的市场。"转身又画了一个圈，在里面写下"饮料市场"。

"大家注意到没有，前几年是碳酸饮料一统天下，看一下可口可乐、百事可乐就会发现，都是黑、白、橙三种颜色的碳酸饮料，但是这几年大家对碳酸饮料都有一种不利于身体健康的认识，很多人开始不喝碳酸类饮料，大人不让小孩喝可乐，老婆不让老公喝可乐。新兴的各种饮料不断出现，功能性饮料、茶饮料、果汁饮料占据了饮料市场很大的一块份额。但是，这些新兴饮料都有一种无法弥补的问题，就是没有碳酸饮料那种沙口的爽快感觉，所以即使现在新兴的饮料出现了，即使知道可乐类碳酸饮料对健康不利，但是，这种碳酸饮料独有的沙口感觉，依然吸引着人们忍不住要去喝碳酸饮料。"

关莹停顿了一下接着说道："于是，我们就提出了一种假设：如果我们用无醇啤酒的技术开发'啤饮料'，那么就能有效地冲击碳酸饮料的市场。这也许对健益啤酒公司是一个比较讨巧的战略路径。也就是说，不在啤酒市场寻发展，而是转换到饮料市场，这样会有什么好处呢？

"第一，饮料企业没有啤酒酿造设备，即使发现健益啤酒公司的啤饮料在局部地区成功了，它也不会马上跟进的，这就给了健益公司很大的没有竞争的市场空间。

"第二，饮料市场与啤酒市场是两个截然不同的市场，所以，健益进军饮料市场，也不会引起啤酒品牌的竞争。

"换言之，如果健益啤酒进入饮料市场，也许就会有一片属于自己的、在一段时间内没有竞争的市场。这也许是健益啤酒的……有效战略途径。”

关莹最后想讲这也许是健益啤酒的唯一战略途径，但是潜意识马上告诉她这样讲不好，结果她用了“有效”二字。

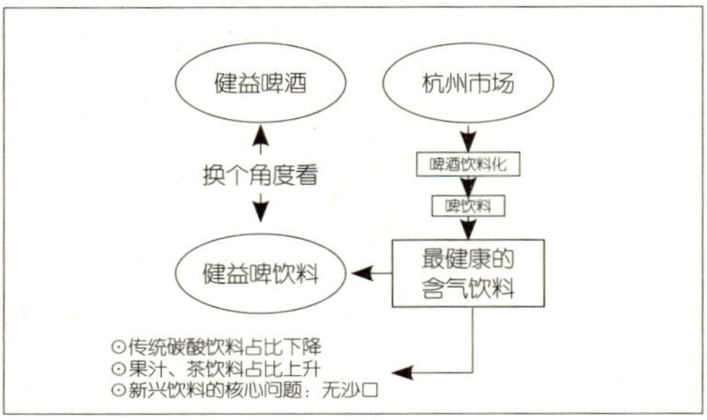

关莹讲完，会场内一片寂静。T&T的老板很震惊，他很难想象刚才这番分析是出自他公司一个AE助理的嘴里，虽然这个女孩给他的印象很好，但是，再好也不可能有这么优秀，这是他从业以来听到过最为出色的一个策略，就好像用一个最为简单、最为巧妙的方法解决了一个数学难题一样，他觉得很震惊。

Alina很高兴，不是因为她听懂了，而是她觉得关莹很为她挣面子，她发现关莹这丫头在这么大的场面居然讲得很流畅，而且结合她那一手漂亮的瘦金体，简直是太棒了！

杜佳锐完全听明白了关莹的分析，几乎是同一时间完全认同了关莹的观点，但是鉴于之前的经验，这次他不敢马上表态，他回头看了父亲一眼，发现父亲已经离开了。

见关莹讲完，杜佳锐说道：“很好，还有什么，大家继续说。”见没有人发言，他走出会议室，找他老爸，一出门见杜健益就在门口等着他。

关莹讲完见没有什么反应，杜佳锐还离开了会议室，心里有点空落落的，不知道自己哪里说错了。见Alina投来赞许的目光，心里倒是有了一点安慰。

但是，杜佳锐马上就回来了。

T&T老板预感到要发生什么事，他看出杜佳锐一脸兴奋的样子。只听杜佳锐对T&T老板说："大家辛苦了，晚上我们大家一起吃个饭，然后讨论一下我们之间的合作事宜。"

晚宴设在杭州有名的"随心所鱼"，也就是大家都知道的杜健益经营的地方。

今天"随心所鱼"的伙计们都特别的紧张，因为大老板杜健益来了，不但来了，而且要亲自下厨做鱼头。这里的经理知道老板只有在遇到特别赏识的人的时候才会亲自下厨做鱼头。

"随心所鱼"是杭州做千岛湖鱼头最出名的地方，虽然不是最为高档的，却是最好吃的。关莹知道平时要是自己来了，基本上要排上一个小时的队，今天不但不用排队，而且在"随心所鱼"后面临西湖的包间里。

鱼头确实很好吃，可是关莹遇到了一个大麻烦，杜佳锐频频向T&T公司的成员敬酒，关莹被Alina拉在身边坐，第三杯酒轮到了关莹这里。关莹知道这酒不能喝，一旦喝开了后面就收不住了，女性没有酒量千万可不要露这头，否则以后会很尴尬的，于是关莹推脱自己不能喝，会过敏。T&T老板习惯性出卖女员工，也怂恿着关莹，说喝一点点没有关系。就在关莹觉得为难的时候，Alina摆出大姐的风范，替关莹把酒挡了，还回敬了杜佳锐三杯。杜佳锐的酒量禁不起Alina收拾，一会儿就老实了。结果Alina指挥着T&T公司的人，轮番回敬健益公司，吃完饭的时候，除了杜佳锐还清醒，健益公司其他的人都给喝趴下了，当然杜健益不在，他做完鱼头就走了。Alina很有分寸，知道杜佳锐后面要和老板谈生意，于是只把杜佳锐灌多了，但没有灌醉，她知道这样的状况谈生意最好。关莹发现台面上的功夫，Alina不是一般了得，而是非常了得。

精彩的作业

晚饭后，老板留了下来与杜佳锐谈合作，关莹随着大家回了上海。

周五下午上班，一到公司，前台就告诉关莹，老板找她。

老板昨天与杜佳锐的谈判出乎意料地顺利，杜佳锐公司对合约只是原则性地提出几点：

1. 完全认同关莹的策略构想。在关莹的策略构想基础上进行项目论证。

2. 要求项目整体策略以及计划要让关莹总体负责，T&T公司以及健益公司共同支持、配合。

3. 项目总体费用500万元，策略研究及计划规划200万元，年度服务费用300万元。

这个项目T&T老板压根儿就没想到能收这么多钱，原来想每月收个10万元就非常好了，自己公司很多项目最高没有超过10万元月费的，从来没有想过做策略与计划还能另外收费的。

收钱多当然让人高兴，但是让他不爽的是，他完全能感觉到T&T公司收获这么大完全是因为关莹的努力，他很奇怪他们为什么会为一个女孩付这么大笔钱，这让他的内心有点酸溜溜的感觉。

关莹进来以后，T&T老板用一种语重心长的话语与关莹聊起来。先说T&T公司是一个很能锻炼人的地方，也是给年轻人机会的地方，所以诚实、坦诚的态度很重要等等。关莹居然也被他说得很感动，感觉老板真是非常关心她，绕了老半天，老板问了一个他很关心的问题：这个啤酒项目的策略分析是怎么想出来的？是她自己独立思考的吗？

关莹突然明白了老板的用意，于是就把她收集资料的过程以及资料阅读的过程，原原本本地讲了出来，还把规划的结构图笔记拿出来给老板看，说当时想给老板看的，但是碍于自己的职位太低，没敢给老板看。

其实，老板在让关莹担负整个项目策略以及计划规划的时候，还是有很大担心的，他怕关莹能说出那番话完全是因为瞎猫遇到死耗子，但是看了关莹的思考结构图以后，他发现这是一个在这方面有着超人天赋的女性，他的心里虽然有点酸酸的味道，这下总归是放心了。他告诉关莹以后有这种问题可以直接与自己沟通，现在要作好准备接受更大的挑战，健益公司完全同意她的策略构想，并准备实施这个策略。

随后，健益啤酒项目落实会议正式召开了。

T&T老板在会上宣布：

1. 公司在这次比稿中胜出，拿下了健益啤酒项目。比稿团队解散，北京、广州的公司成员明天就可以回原单位，今天晚上开欢送会。

2. 宣布健益项目是公司历史上收费最高的项目，包括200万元的策略研究、计划规划费用以及300万元的服务年费。他让Alina尽快落实合约，并且下周一要有一个合约签字仪式。

3. 宣布成立新的健益啤酒项目组，并宣布了成员名单。

4. 项目规划会议放在下周一开，健益公司的成员也会来参加，到时候要拿出作业规划，这份规划由关莹负责，在周日下午进行内部确认。

最让所有人没想到的是，公司任命关莹为公司的策略总监，全权负责健益项目的策略研究与计划规划，项目经理是Alina，AE是格蕾丝，并调集了公司最强的创意人员组成了创意组，老板任项目创意顾问。言下之意就是在策略方面老板不再过问，全权由关莹负责。

所有人中最为震惊的是格蕾丝，她的小助理关莹现在成了公司的策略总监，连升三级，相当于Alina的上司了，在项目里与老板平起平坐，她很难接受这个现实，但是她感觉到了关莹内心的力量和强大的气场，这种强大是自己没法超越的……

Alina并没有震惊，因为老板昨晚半夜回到上海就和她讲了，她还和老板为要不要让格蕾丝参与新的项目组讨论了半天。老板担心格蕾丝会有情绪影响工作，Alina倒是把格蕾丝看得很透，说她就是个小人没那份血性的，常常伪装自己。老板还担心Alina会不会心理不平衡，没想到Alina反而为关莹高兴。其实Alina并不是什么坏女人，她要改变之前众人对她的坏印象，她是那种既成熟又有些幼稚的人，她看不起那些没本事的人，对有本事的人从来不排斥，而且她会站在老板的角度看问题，公司里出了一个天才式的人，当然不是什么坏事。

倒是那些分公司的总监觉得有点脸上无光，来的时候关莹还是接待他们的小小AE助理，可是在比稿中他们的作用还不如一个小丫头。现在他们要走了，人家小丫头成了策略总监，专门以策略命名的总监全国公司也就这么一个，这让他们有点不好受了。

关莹听了任命也有点蒙，一下子有点恍惚的感觉，老板让她说几句的时候，她都有点不知所措，还是Alina为她解了围。

会后，HR经理焦先生马上找人给关莹腾出一间独立的办公室，焦先生来请她去看办公室，关莹死活不愿意搬进去，说自己还是坐在原来的位置比较好。最后还是Alina过来说，不要把这看成负担，而是一种责任与挑战。让Alina这么一说，关莹只能硬着头皮搬进了新办公室。

才搬进办公室不久，焦先生就拿了一叠表格进来。焦先生送来的是转正表格，让关莹填了，原来关莹这个月试用期满才会转正的，现在要提前了。她的工资从这个月开始，就拿总监级工资——每月1.8万元，还有一堆的福利，比如打的费、招待费之类报销，还有每月5000元的签字权。焦先生告诉关莹，她创造了一项T&T的晋升纪录。焦先生很高兴地走了，他发现自己没有看走眼，关莹是他招进来的。

焦先生一走，关莹就去找了老板，她告诉老板希望他撤销今天下午给她的这一切，如果一定要让她当这个总监，她喜欢还是坐原来的办公桌，还是拿原来的工资，现在什么都还没有作出成绩，就让她得到这么多东西，这让她很难平静，这会影响她后面的工作。

看到关莹这副不安的样子，老板的心里反而得到了平衡，他又很亲切地让关莹坐了下来，对关莹说：“关总，从今天起你就是我们T&T公司的关总了。我今天要像一个大哥一样跟你谈谈，会议前大哥就跟你谈过，要准备好开始接受考验了。独立办公室、新职位、高工资、高待遇这些都是考验的一部分，你害怕的不是它们，而是害怕自己是否能胜任，对不对？”关莹点点头。

“关莹，这么说吧，这就好比歌手一样，台下唱得再好也是业余歌手，真正的歌手就是要站到舞台上，站到聚光灯下，站到众人挑剔的目光中，与一群同样有天赋的歌手站在一起。一个人要跳出原来的层次，必须去承受，而且是很平静地承受与原来不一样的环境。在进不了这个层次的人看来，这些东西是荣誉、是地位、是财富，而在这个圈子的人看来，这些仅仅是道具而已，因为这些东西不是你去争来的，而是随着你的成长自然而来的。就像专业歌手都有一支昂贵的话筒，那不是显摆、也不是地位，而是必需的道具，所以不要害怕，去迎接挑战吧。再说了，这点工资也不高，在总监级别里是最低的，等计划通过正式实施了，大哥再给你加工资。”

老板的一番话倒是让关莹又重新冷静了下来。她想到自己能得到这些，不是因为自己有多少天赋、有多少天才，而是米尔森的方法好，是洞察力让自己与一般人有了质的差别，正如老板说的，她正在跨入一个新的层次。

晚上聚餐、卡拉OK，所有的人不管是善意的、恶意的，都来敬关莹的酒。关莹告诉自己要接受挑战，可并不愿意接受喝酒的挑战，她知道她后面任务很重，时间也很短，她只有一天的时间去思考健益啤酒的项目，然后在周日与老板沟通确定方案。她有种感觉，她不小心走到了一根钢丝绳上，下面是万丈的深渊，她必须保持头脑的清醒，稍有不慎就会掉下万丈深渊，而走过去就是另外一片天地。这次Alina再次保护了关莹，她替关莹挡掉了酒，还让她的小组里所有的人都替关莹挡酒，还开玩笑地说，我们关总的脑子可是公司的财富，喝糊涂了可不行。结果包括格蕾丝在内的小组成员都喝高了，酒醉加郁闷使格蕾丝醉得很厉害。

Alina倒是很有老板娘的气度，在她的眼里，关莹不是什么上司，而是公司的财富，是她的财富，她当然有义务要去保护她。更为重要的事，她发现关莹这个人，这么小的年纪，一下子得到这么多名、利，居然一点没有看出高兴的样子，反而有一种重任在肩忧心忡忡的样子，要是换了格蕾丝，不知道要飞扬跋扈成什么样了，这让Alina更觉得关莹会有大出息，让她心生一种像大姐姐一样的责任。

关莹回到神奇圈已经晚上12点了，她到了洗浴中心蒸了桑拿做了按摩，这是Alex给她的每日养护方案中必需的步骤。

今天一天，可以说是关莹的人生奇遇，她感觉她好像踏进了一扇门，进入了一个全新的世界，但她还没有心理准备，有些不知所措，有些害怕。她需要和一个人说说话，她知道自己想和谁说，她想和米尔森说，可是现在米尔森会在哪里呢？这么晚了他会为她出来吗？

关莹知道现在她最需要的是冷静，米尔森该告诉她的都已经告诉她了，相信米尔森的方法，相信自己的潜意识，任何挑战自己都是可以面对的。

关莹并没有马上回房间睡，她回房间裹了一件羽绒大衣，拿着笔记本来到了湖边。外面冰冷、潮湿的空气可以让她冷静下来。她打开笔记本，在虚拟世界里给米尔森留了言，没想到米尔森正好也在线上，于是，关莹把今天一天的收获都给米尔森说了。没想到并没有等来米尔森的祝贺，因为这种事在米尔森看来是太平常不过的了。他很严肃地告诫关莹，切忌、切忌不要忘乎所以，时刻注意自己的反应器，这是真正考验的开始，也是真正危险的开始，把握不好就会遇到人生的挫折，把握好了就是一番新的天地，他要关莹认真对待。

同时他也告诉关莹，也不用过度紧张害怕，只要控制住自己的反应器，让自己进入洞察系统，发挥洞察系统的作用，这种考验是很容易过去的。

不管怎么样，米尔森的寥寥数语给了关莹很大的信心，关莹的心里突然升起一丝酸酸甜甜的感觉。

周六关莹狠狠地睡了一觉，她算了一下，未来几天她可能都没有什么睡觉的时间了，所以在此之前她要充分地休息。睡前的深度沉静练习的好处之一，就是在有压力的情况下照样能获得良好的睡眠。

在周六下午睡醒的时候，原以为要通宵才能想明白的工作，没想到潜意识在关莹的显意识醒来的第一秒钟就告诉了关莹。关莹闭着眼睛，静静地看着潜意识发给她的这个念头，她一下子兴奋地醒来，她并不着急睁开眼，而是反复地审视这个念头，反复提出自己的问题，通过与潜意识的反复沟通，关莹认为这个方案是令她满意的，于是她睁开眼睛急急起床把想法画了出来。

周日下午与老板的沟通十分顺利，说句老实话，老板和所有领导一样想挑点毛病出来，没想到关莹都一一解答了，老板心里虽然有点不快，却爽快地同意了关莹的规划，这个时候他不想打击关莹的自信心。于是，关莹把规划写成了PPT，准备周一与健益公司开规划提报会。

落实项目策略

周一下午，杜佳锐带着父亲杜健益以及父亲的两个智囊来到了T&T公司。

在关莹开始提报方案前，杜佳锐介绍了杜健益，大家才知道原来那天比稿时坐在杜佳锐身后的那个老头是杜佳锐的父亲。另外两个智囊，杜佳锐介绍是公司市场部的。但是，T&T老板是认识他们的，他们一个是一家国际咨询公司中国区总裁，还有一个是浙大有名的经济学教授。

这两个大名鼎鼎的人物居然像两个职员一样跟着杜佳锐，这让T&T老板有点摸不着头脑，以为对方是找了专家来挑刺的，不禁为关莹暗暗捏把汗，也为这个项目担忧起来。说句老实话，他一直认为这个项目太顺利，天下哪有这么好的事?

关莹并不知道这些，她开始了提报：

第一部分，她把上周五在健益啤酒公司做的策略构想做了回顾，进行了更加系统的分析。所有的人都听得频频点头。

第二部分，关莹提出要对这个策略构想进行反证，也就是说，先不去证明这个策略为什么可行，而是去求证这个策略不可实施的因素有哪些？这个求证的方法也是那天老板提出异议的地方。老板担心的是，这样的求证方法万一证明这个策略方案是不可行的，这笔业务不就泡汤了吗？从本质上来讲，老板是对的，因为大多数的广告公司都打着为客户解决问题的旗号，实际上，赚钱才是最为根本的。

但是，关莹说出来的理由很充分。她说这样的求证方式能把策略风险降到最低。也容易让客户看清实施战略的风险以及需要的投入，这对后面双方的合作会有很大的帮助。

关莹还提出了关于反证的框架。从T&T老板的角度来看，他觉得关莹这个框架很严密，也有点担心那两个专家会怎么看？他还观察了一下健益啤酒公司的人员，看得出所有的人对这种反证的方法都十分认同，包括那两个智囊都在点头认同。

第三部分，市场构成预估、市场切入点研究以及产品研发。关莹提出，假如反证下来这个策略是可以实施的，那么很重要的研究就是要厘清几块市场：未来5年总体市场的组成，未来3年的市场组成，未来1年的市场组成，也就是每一块市场切入点在哪里？这几块市场的内在战略关系是什么？在此基础上进行相应的产品研发以及市场推广规划、创意以及资本投入规划。

杜健益在听关莹提报的时候，突然发现关莹的提报很简练，直接抓住问题的本质，一环扣一环，一点废话都没有，不像一般的咨询公司的提报，都有不少噱头的东西。感觉关莹这是站在自己是这个项目主人的角度在想问题，换言之，也就是站在杜佳锐的角度。这个感觉让杜健益在现场作出了一个决定。

关莹提报的第四部分是项目推进的时间表。整个策略研究、计划规划以及前期启动准备需要半年时间。这是一个很紧凑的时间安排。按理说做一个全新的产品，用一年时间做出来就不错了，但是关莹考虑到饮料市场的最佳时机在7月份，如果错过就要等明年的夏天，这样把项目拉得太长了，可能会有问题，所以她把时间尽可能地压缩。

关莹讲完后，先是两个专家发言。

两个专家并没有挑刺，完全认同关莹的规划，并提出用反证的方法很好，很专业、很有效，只是在时间的安排上认为可能有点紧张，而且中间夹了一个春节，考虑到7月份的上市时间，也只能这样。专家的表态让T&T的老板松了一口气。

杜佳锐原来想表示一下认同就完了，最终的评价让父亲说，因为这个项目已经引起了父亲的兴趣，那就不是原来让自己小打小闹这么简单了，他感觉到这个策略如果实施会有大动作、大投入。但是，突然他有一种不相信，这是眼前这个女孩做的方案，他想一定是有公司的专家在后面支招。

于是，杜佳锐谈了起来，如果不是事前知道，听了这样的提报，还会以为是在听一个投资公司的提报，没想到广告公司能作出这样的提报。他很高兴地对T&T的老板说，这证明了T&T公司的实力，希望T&T公司的专业团队都能参与到健益公司的项目里来。

T&T老板嘴上应着，心中想："小子，你看到的女孩就是我们最厉害的专家。"

杜佳锐讲完，轮到了杜健益，他笑盈盈地看着关莹，说："这么年轻，不简单！我呢，原来组织这次比稿只是想给儿子见见世面，交交朋友，没想到你们有这么优秀的人才，这么有创意的想法。机缘这么好，公司就准备投入这块市场。今天我把我的智囊团都带来，既然大家都认同小关的方案，那我们就按照这个方案推进。”

杜健益此言一出，关莹以及老板的心都放了下来。

只听杜健益继续说道：“我这里就提两点要求：第一，从这个方案能看得出，这个方案不像是咨询公司做给客户的方案，更像是一个企业做给自己的方案。”

两个智囊纷纷点头。

杜健益说：“这很好，说明关莹用心了，真的抱着对这件事负责的态度在做。所以我希望关莹还有T&T公司一直能从这个角度做事，不要甲方、乙方分得太清，那样容易互相踢皮球。

“第二点，我希望这个计划的规划者也是计划的实施者，在我们与T&T的合作协议中要加入一条，关莹既是T&T项目组的负责人，同时也是健益啤酒公司的人，这样就能保证未来这个计划由你来实施。我不知道这妥不妥，既然有这个想法，我们想在组织上予以保证。”

随后，杜健益问有没有空房间，好单独沟通一些问题。Alina马上接口说：“正好可以休息一下，我们休息20分钟吧。”得到了大家的响应，于是T&T公司的人都退出了会议室。

20分钟后会议继续进行，杜健益继续说：“刚才我说了，我们要从组织上进行保障，要让规划者就是执行者，这样才能对策略实施有保障。刚才我们开了一个小会，达成了一致。现在，我要正式任命关莹为健益啤酒公司的联合CEO，杜佳锐主要负责工厂生产这部分，小关主要负责市场部分。”

说到这里，杜健益特意强调了一下，这个联合CEO不是虚的，而是实的，待遇与杜佳锐一样，年薪120万元。

天哪！这话把T&T所有的人都震惊了。关莹并没有感到多少高兴，而是感到一种前所未有的压力。

杜健益接着说道："第三点，我把我的智囊也带过来了，这两位你们也一定认识，我也不多介绍了，我们把资源整合到一起，都在关莹的带领下，把这个方案做好。以后我们就是一个团队。"

当天晚上，健益啤酒公司就与T&T公司在波特曼举行签字仪式，健益啤酒公司当场支付了125万元首付款。

根据协议，项目中心设在杭州。应关莹的要求，Alina也来到杭州。

这样关莹在离开杭州4个月以后就又回来了，短短的4个月，关莹完成了从小小白领到金领的蜕变。

在开展项目的前三个月中，关莹总共要向杜健益做三次大型的提案，第一次是策略论证提报，第二次是市场计划提报，第三次是新产品以及上市推广计划提报。

Alina一来就给关莹出了一个好主意，她说把策略论证部分交给杜健益的智囊团去做，这样等于是交给第三方评估，会更公正一些，关莹可以抽出时间集中精力在市场计划的规划上，这是T&T的专长所在。

关莹用了Alina的建议果然收到了效果。首先，杜健益对关莹这样的安排很称赞，而且与他的观点不谋而合，杜健益因为牵涉到后面要有大投入，已经关照他的智囊要认真论证，关莹把这项任务交给他们正合他意。其次，关莹有了充裕的时间带着她的团队，全面实地了解杭州饮料市场。

杜佳锐只要有时间就一定和关莹一起去走市场，找经销商访谈，找各类终端老板访谈。每次都是两辆宝马，一辆是杜佳锐与关莹，关莹的车则坐着Alina和格蕾丝。

在杭州作业一开始，关莹就有一种感觉，杜健益的这些投入其实都是在投资她，也是在考验、考察她。她告诉自己这不是一般人会有的机遇，一定不要辜负了人家。

关莹首先把杭州市所有的饮料渠道都调查了一遍，大致了解了杭州饮料市场的情况，杭州的饮料市场主要是可口可乐的直供+餐饮代理模式以及娃哈哈的区域分销模式，餐饮主要由可口可乐产品占领，其他饮料能进入的很少。而杭州的餐饮市场又极其特殊，主要由三大经销商把持，严格意义上来讲是两大经销商。

之后，关莹又把杭州啤酒的销售渠道也调查了一遍。每天中午、晚上关莹都有意识地找各种地方吃饭，同时观察消费者的消费习惯，当然，夜店、卡拉OK他们也没有少去，看人家在洋酒里兑绿茶，关莹就拿来兑了不少啤酒，结果Alina、杜佳锐都说难喝。

和关莹一起工作，杜佳锐既感到很沉闷，又感到很刺激。沉闷的是，关莹除了和你谈设想，几乎就是一副沉思的样子，给人一种超级成熟的感觉；但是和她在一起又觉得很刺激，因为每到一个地方停下来，关莹就会说很多她发现的问题以及她的假设，杜佳锐常常问自己为什么就没有看到，或者是没有想到？

这样跑了一个多月，光是听关莹谈，杜佳锐的心里就有了一个清晰的框架。所以等过年后，关莹做总体市场策略以及计划的时候，杜健益差不多已经从杜佳锐那里了解全了。

过年前，策略论证的提报顺利通过，过完元宵节就轮到了关莹提报总体市场策略。

关莹在提报中构思了未来3年的发展路线图，3年内开创啤饮料以及麦芽饮料市场，创立新品牌引起投资者关注的想法。

在之后的讨论中，杜健益以及大家的讨论更多地集中在市场如何切入的问题上，争论的焦点居然来自T&T公司的内部。关莹提出的策略是，针对杭州的IT人群的午餐市场作为切入点。原因在于：

1. 限于目前的包装能力，新产品只能以易拉罐或者瓶装产品出现，这种包装形式出现在传统饮料终端上，消费者会把它当做酒，而且与消费者饮料习惯不符合。

2. 午餐市场都是些中低端的餐饮店，那里的饮料主要是可口可乐的产品，有不少还是可乐的小瓶装周转箱产品，所以，目标集中，竞争少。

3. 更为关键的是IT人群中的男性，他们也正是在家庭中被限制喝可乐的人群，而且这些人又是饮料市场的主力人群，这批人本身又是啤酒消费的主力人群，所以很容易接受新的产品，一旦接受，很容易向家庭中其他人群推广。

T&T老板的意见是，在杭州市场全面铺开，使用大媒体、大投入让市场一次性成型。他举了百威啤酒与朝日啤酒的例子进行了说明，说一次成型的投入对市场更有效果。

对于老板的意见，关莹并没有发表意见，关莹现在虽然还拿着T&T公司2.5万元一个月的工资，可是她实际上感觉已经不是T&T公司的人了，与老板有种很客气的感觉。

倒是Alina站到了关莹这边，说百威啤酒是以一个成熟产品、成熟模式进入中国市场的，而健益的产品是个全新产品、全新模式，没有可比性，她坚决地站在关莹这边。

老板见Alina才一个多月时间就有很大的长进，既开心又生气，生气的是，自己的助手跟这个小丫头靠近，而且开始帮着别人说话了。

老板依然坚持要用大投入的方法，当然最后拍板的还是杜健益。

杜健益说大投入当然是要投的，公司决定拿出一个亿的资金来砸这个市场。当然现在这个时代讲究的是精确打击，而不是狂轰滥炸，所以他同意关莹的方案，从IT人群午餐市场入手，而且他的专家团一致认为，这是个很有想法的切入点。

这次提案基本上通过了关莹的方案。

Alina以前在公司一直觉得老板是最厉害的，可是自从与关莹在一起的这一个多月，她突然发现，现在这批人才是真正厉害的角色。关莹不用说了，小小年纪就沉稳、成熟，杜健益更是高瞻远瞩，把控一切，他的智囊高参讲起话来更是严密、智慧。在这些人中间，T&T老板就显得有点幼稚了，他讲什么别人都能知道他在想什么。他的大投入之说，谁都看得出是为了赚广告费。在这么一群明白人面前要小聪明，把人家当做以往的乡下客户来对待，实在笨得可以，Alina一边想着，一边有点轻蔑地看了自己老板一眼。

这次会议后，同时进行了这样几项工作：

1. 健益啤酒公司生产部门开始正式投料试制新的啤饮料产品，这项工作由杜佳锐负责。

2. 产品包装设计以及市场推广创意，交给了T&T老板负责。关莹写好几个大的创意策略单交给了Alina，让Alina回上海盯着老板出创意。

3. “健益啤酒公司”更名为“健益饮料公司”，交由杜健益负责。

4. 关莹自己开始组建健益饮料公司的市场部与销售部。

一切进展都很顺利，特别是杜佳锐这里，从上海请来了中国啤酒界的老法师，啤饮料试制过程进行得非常顺利。关莹喝过几次杜佳锐亲自送来的新产品，基本上保持了啤酒的风味、香味、沙口、泡沫，但没有酒精。可是关莹觉得麦芽度还是高了，喝了以后嘴里发黏、发甜，专家说这是因为发酵不充分、糖度高的缘故，发酵充分了口感干净了，但是酒精度就会提高。

关莹可不管这些，要求口感要干净，酒精要去掉，风味还得保持。老法师就是老法师，面子足、人头熟，带着杜佳锐到其他有去酒精设备的啤酒公司做了实验。没多久，完全按照关莹要求的啤饮料试制了出来。关莹一喝完全满意，让大家喝了也都说好。但是要做到这点，必须添置去酒精的设备。杜健益听了二话没说，就把去酒精的设备买回来了。

新产品的基础酒出来后，关莹马上让新的市场部实施了大面积的口味测试实验，以确定最后的产品。

关莹的市场部与销售部的组建工作也相当顺利，她没想到杜健益还有一个猎头公司，直接为她从杭州几家大饮料公司中用高薪挖来了人员。关莹担心这样成本太高，杜健益却说，组建队伍一定要用行业中顶尖的人，别看这样花的钱多，但是从时间、效率、机会上都能赚回来。杜健益还对关莹说，资本投资安全的基本保障就是精英人才，所以，就要用最高的待遇把他们拢在身边。

杜健益的这番言论，让关莹大受启发，同时她也觉得杜健益是在手把手地教她，这让关莹觉得很感动，她想不透为什么杜健益会这样投资她。

几件事推进得都很顺利，但是也出现了不顺利的事情。T&T公司的产品包装提案，提了两次都没有通过。因为是自己公司做的，所以关莹并没有表示什么反对意见，杜佳锐与杜健益的智囊团队看了作品明显觉得没有感觉，方向不对。

其实关莹一眼就看出了问题所在，公司没有按照她的创意单去做，她悄悄问了Alina，Alina说那是老板的创意，老板这是在和关莹“别苗头”。在老板看来，这个项目一直是关莹在出风头，自己的意见也不被客户接受，这让一直在客户那里出惯风头的老板感到很憋屈，所以在创意上老板就没有按关莹的策略单来做，要自己出创意。

在策略方向不对的情况下，创意就没有了评判的标准，结果可想而知，当第三次提案没有通过的时候，T&T公司已经拖了整体项目进度的后腿了。关莹不管怎么样还是T&T这个项目的策略总监，所以她要回一趟上海把产品包装设计搞定。

Part 14

成为CEO，内心要强大

杜健益的水

车从杭州往上海开，在到嘉兴之前，关莹一直有点闷闷不乐。她心里想，一个挺大公司的老板，年纪一大把了，怎么还像小孩一样，为在客户那里出风头和自己下属争风吃醋，争风吃醋也就罢了，怎么也不能拿工作开玩笑。幸亏Alina告诉了自己，不然自己还一头雾水呢。心里讨厌着老板，却对Alina愈加地心存好感，觉得有这样一个姐姐搭档真是幸事。

过嘉兴的时候，关莹突然意识到自己不良的情绪，又被潜意识的反应器牵着鼻子走了，她告诉自己不行，可是沉静了几次都没有把反应器沉下去，心中依然闷闷的。看到前面马上要到高速公路服务区了，就让司机小斌把车停进了服务区。

关莹带着小斌进了服务区内很有名的嘉兴粽子店。吃着嘉兴大肉粽，喝着漂着没几缕紫菜的紫菜汤，倒是让关莹跳出了刚才的郁闷心情。

小斌是个与她同龄的温州男孩子，虽然同龄，可就是个小孩子，一副长不大的样子，吃起东西来狼吞虎咽的，不一会儿两个粽子就没有了，两只眼睛直勾勾看着关莹还没吃完的大半个粽子。

关莹笑道："你不会想吃我的粽子吧？"

小斌摸着小肚子很认真地回答："不行，一会儿就到上海了，我要留着肚子吃上海的好东西。"

与小斌嘻哈了一阵，关莹的郁闷心情彻底没有了。她答应回到上海就带他去吃好吃的。

回到车上小斌把车开得飞快，一路向上海奔去。

心情恢复平静，想法马上就有了。关莹一个电话打给Alina，告诉她有办法了，自己马上就到上海了，让Alina下午不要安排工作，中午与自己一起吃午饭。

吃饭时，关莹把怎么处理老板问题的想法与Alina谈了，Alina很赞同她的想法，说："男人啊，其实不管是年纪再大，不管地位多高，骨子里都是小孩子，要女人哄的，我们就哄哄他吧。"

随后，关莹与Alina一起来到外滩外贸店，进了一楼的阿玛尼专卖店。

刚才Alina说老板有两大爱好：一个是穿阿玛尼的衣服，一个是收集万宝龙的笔。关莹也喜欢笔，原来想送老板万宝龙笔的，可是Alina说老板收集了很多，只要万宝龙一出新款，老板一定会去买，这样的话，送笔很容易重复。于是，关莹决定送老板阿玛尼饰物。Alina最知道老板喜欢什么东西，所以让Alina帮着挑选。

Alina先在领带前面看了老半天，选了一条纯黑色丝质窄领带，关莹一看觉得Alina很有眼光，这种领带挂在爱打扮的老板脖子上一定很漂亮。可是Alina突然想起了什么似的，放回了领带直奔钱包而去，也没有挑，直接要了一款最新款的钱包。

买完钱包，两人一边逛一边聊，来到了楼上，挑了一家面对黄浦江的意大利餐厅，先预订了晚上的座位，然后两人听着江上的汽笛，喝起了咖啡，享受起上海的意大利下午时刻。

关莹问Alina刚才那条领带挺漂亮的，老板戴上一定漂亮，为什么不要了呢。

Alina得意地摆出一副姐姐的样子，说："哼哼，你小丫头了吧。告诉你啊，开始的时候，我是站在我送老板礼物的角度想的，如果我送这条领带一定是合适的，但是，我想到是你送的就不合适了。这里面的含义是不一样的。

"领带是什么？是套男人头颈的东西，我送没问题，你送就不合适，送了就有套头颈的含义，你要套老板的头颈吗？你送他东西本来就是为了哄他高兴的，所以送的礼物里面还要包含让他高兴的含义，你知道吗？送他最好、最贵的钱包等于是告诉他，你是他的钱包，是为他赚大钱的，换句话告诉他，不要跟自己的钱包别苗头。"

"哦！"关莹由衷地觉得Alina真是这方面的高手。在人际关系方面，自己就像个小白痴一样。

距离吃晚饭的时间还很早，关莹拉着Alina一起去了三楼的依云SPA。

刚才在阿玛尼专卖店的时候，关莹就想给Alina也买样礼物，但是想到这个时候给Alina礼物，她一定不会收的。因为这段时间的接触下来，关莹发现Alina是那种很骄傲，也很懂道理、很有分寸的女人，不是一般的贪小便宜的女人。所以，进门时看到在时尚杂志上经常出现的依云SPA也在这楼里，就拿定主意，请Alina去那里做SPA。

Alina知道依云SPA价格不菲，而且刚才那个钱包就花了关莹小十万，于是就推托，可关莹央求Alina陪她一起去，说她一个人可不敢去那里。见关莹苦苦央求，也就陪她一起去了。Alina心中不禁感叹道，这个小丫头现在的年薪，两家公司加起来就有150万元，绝对属于金领级的，这些钱对她来说也不算什么。

从关莹身上让Alina感悟到一个道理，决定一个女人价值的不一定是漂亮，女人也可以有大智慧的，从某些方面来看关莹绝对比老板更有智慧，假以时日，这个丫头一定大有出息。

在做SPA的时候，Alina好奇地问起了关莹，她这么厉害是从哪里学来的，一定看了不少书吧？

关莹也没有瞒Alina，就把去年经人介绍来上海加入神奇圈，从米尔森那里学习了进入洞察系统的方法原原本本地告诉了Alina。Alina得知关莹有这样的奇遇惊讶得不得了，天底下还有这样神奇的方法，让人变得这么有智慧。于是Alina也没有心思做SPA了，让关莹也教她。关莹见Alina感兴趣就耐心跟她说起来。

两个女人说得高兴，就恢复了女人的本性，把要干的事都抛在脑后了，要不是老板来电话，差点就忘了还要请老板吃饭的事。

T&T老板听说在外滩吃晚饭，就想，最近外滩旁的亚洲第一湾要拆除了，干脆开车从第一湾下。车到第一湾的时候，看到有很多人都在第一湾上停车拍照，老板也下来拍照。结果老板的运气特别“好”，这么多人拍照，警察就把他给扣了。警察倒也讲道理，考虑到市民的心情，没有处罚他，扣了他一会儿。不过，这让老板迟到了一个小时。

没被警察罚款扣分，反而让老板的心情不错。感觉这个东西就是这么奇怪，自己感觉应该受到的虐待如果没有受到，反而觉得受到什么恩赐一样，老板的心情居然大好。到了外滩3号门口，把车交给了服务生，见两个美女属下已经在楼下恭候他了，心情更是大好。

晚上，黄浦江的景色十分醉人，对岸的霓虹灯掩映在黄浦江中，让人感觉那就是一杯巨大的红酒。老板问关莹：“关总，怎么回上海啦？那边的事怎样了？”

关莹一边拿出装钱包的礼盒，一边对老板说：“去杭州这段时间一直太忙，也没有时间好好逛逛，这几天正好有空，所以无论如何也要回来一次。主要是为了谢谢您对我的帮助，我今天得到的一切都是因为T&T，因为您，所以，我也不知道您喜欢什么，一件小礼物不成敬意，请您笑纳。”

关莹骨子里是个实实在在的老实孩子，这些客套话实在是说不大好，说的时候很紧张。男人嘛，特别是半老不老的老男人，看女性示弱总是没有办法，于是老板又大大地鼓励了关莹一番，夸奖关莹天分很高，在T&T一定会有前途。尔后又重复说，T&T是个很锻炼人的地方，也是给年轻人机会的地方。

老板在上海就属于新一代的老克勒，而且是聪明的老克勒，打开关莹的礼物一看，见是个最新款的阿玛尼钱包，马上就意识到了关莹的意义。嘴上客气地说："这么贵重东西让我这个做大哥的如何好意思呢？"

Alina在边上敲边鼓说："人家莹莹一番心意，你就收下吧。"

这顿饭吃得很惬意，老板说："关莹你平时从来都不喝酒，今天能不能陪大哥喝一杯啊？"这种环境下，再推托就有点不合时宜了，于是关莹陪老板一起喝起了红酒。

职业人有个特点，不管聊什么，聊着聊着总是会聊到工作上，再加上喝了酒，那更是思如泉涌。不知是谁开始聊到了健益啤饮料的创意上了，老板一个一个抛出创意思路。见老板的状态这么好，关莹也加入了创意的行列，趁着酒兴，天马行空。Alina虽然喝了不少酒，可是AE的基本动作相当熟练，见大老板与策略总监创意大发，赶紧拿笔一个个记录下来。

等一阵酒劲过去后，老板拿过Alina记下的创意，看了一遍觉得都不太合适，说："太有创意了，杜家那几个阿乡未必能看懂，再想想……"老板很是得意。

就在老板陷入沉思的时候，Alina在一边有点不耐烦地说："这个杜健益的水怎么这么麻烦。"

关莹不太适应酒精，脑子有点沉沉地窝在沙发椅里。听Alina说，一下子跳了起来，瞪着两只被酒精滋润得红红的眼睛问Alina："你刚才说什么？杜健益的水？"

Alina被关莹吓了一跳说："是啊，杜健益的水，怎么啦？"

关莹的潜意识受到Alina这个“杜健益的水”的刺激，瞬间蹦出一个创意，关莹拿过笔写了出来：

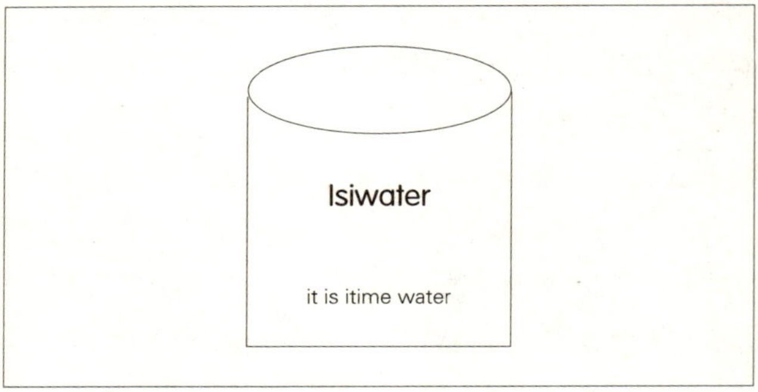

老板拿过去，一看确实很巧妙，这里面既有原来想到过却不能注册的iwater，又有is，连起来就是“我是水”的意思。老板凭直觉知道这就是答案了，可是他的内心有一种又被关莹抢了风头的感觉……

聪明的关莹见老板在犹豫，赶紧对着Alina说：“Alina你太了不起了，想出大创意了。”

Alina还没有明白过来是怎么回事，有点傻乎乎地在那儿笑着。

老板在那里如释重负地说：“就是它了，明早快点去查名注册。”

果然，第四次提案很顺利地通过了，大家都很喜欢“isiwater”这个品牌，它的中文名叫“健益”，品类是“啤饮料”。

老板后来心情好了，在设计策略上也听取了关莹的意见。

关莹给设计的简报写得很简单，她在简报上提出一个问题，假如这个客户不是健益公司，而是苹果公司，那么我们会做什么样的设计呢？

老板是个苹果控，公司里用的都是苹果设备，身上的iPod就有好几个，给客户送礼也经常送苹果产品。听说要出iPhone4就已经等不及了，天天看着香港市场什么时候上市。听了关莹的这个“为苹果公司跨界设计”的设计策略，所有的才情一下子都爆发了出来。

所以，这次产品设计大家一致叫好。产品出来了，总体的推广表现也出来了，结合“健益”搞送苹果系列产品的主题促销，这样“健益”既是品牌名称又是推广的活动主题，最先植入顾客思维，一举两得。

isiwater的整体推进工作顺利进行。杜佳锐这里产品已经顺利完成，目标人群的口味测试效果也相当满意。新的易拉罐包装以及新的瓶型一出来，又进行了新一轮的测试，结果同样令人满意，杜健益这里企业更名的工作也进行得很顺利，健益啤酒公司正式换名为“健益饮料公司”。

一切进展顺利，关莹把精力集中到了另一项很繁重的工作上。

新品杭州上市

在繁忙的工作中，关莹不知不觉中养成了一种习惯：不管工作结束再晚，她都要一个人到西湖边上练习沉静，然后在静中回顾一天的工作，回顾整体的工作。

开始的时候Alina陪着她，可是Alina的心不静，坐在黑漆漆的西湖边总是害怕，于是就再也不来了。其实，关莹每次来也害怕，但是，只要让人静下来以后就不害怕了。关莹发现害怕也是一种反应器的反应，当心静下来以后就不会有这种反应了。她之所以愿意到西湖边上来练习沉静，是因为发现在这里练习沉静能检视自己是不是真的静了。当自己的恐惧感消失的时候就是真正沉静的时候。

一次，在沉静练习中，关莹回顾一天的工作、整体的工作，潜意识给了她一个闪念。这个闪念告诉关莹，像isiwater这样一个没有背景的全新产品，如果要取得市场成功，没有坚实的销售体系作保障是很难成功的。经销商可以在市场成熟以后进行利用，而不能在市场才启动的时候依靠他们，这样风险太大。

终端直供体系的设想出现在关莹的脑海中，但是，建立这样一个直供系统可不是一件简单的事情，所以她并不想马上就向杜健益提报，她要先做一件事，那就是把整个杭州城区所有可以卖饮料的终端调查一遍。她觉得这就好像是打仗前需要一张地图一样。

于是，销售部大概花了两个月时间，一个月终端调查，一个星期数据录入分析，把整个杭州的终端脉络图画了出来，终端的数量与类型、销售能力以及供货商渠道，清清楚楚。新来的销售部长赵来栋是个很专业的近50岁的男人，按照关莹的战略设想，赵来栋把目标终端、后续开发终端分别标注在地图上，用喷绘做了两张墙一样大的地图，挂在了会议厅。

关莹看到这两张图马上意识到杜健益说的，用高薪请精英的道理了，这两张地图的价值马上就出来了。看到这两张图，关莹的潜意识马上告诉她直供系统有戏了。

关莹给赵来栋下达了后面的指令：杭州市场分三个阶段走：

第一阶段覆盖IT产业区域的中小餐饮终端；第二阶段覆盖杭州饮料类零售终端；第三阶段覆盖所有可以卖饮料的终端。第一、二阶段全部由健益饮料公司自己直供，并且对终端直接进行维护管理，把杭州市场做细，做扎实，做成根据地。第三阶段可以利用经销商网络。根据这样的战略设想，健益饮料公司的终端直供体系应该如何搭建？需要配多少人和车？内部的仓储、信息、物流、结算如何建构……

市场总监赵来栋在原来的公司是出了名的火爆脾气，能力超强、脾气超大，所以长期得不到重用，没想到了关莹这里他的脾气也好了，干劲十足。关键是这家伙居然被关莹这个小丫头彻底折服了。他在以前公司里，看上司都是蠢货，想法都有问题，可是没想到关莹这样一个女孩，想问题是这样的深刻、到位，这让他很佩服。在关莹看来，赵来栋也不是一般的有本事，凡是她能想到的，赵来栋大致都能替她办到，而且很专业、很细致。

两天后，赵来栋就把总体规划拿了过来，关莹一看心里有底了，不过就是几百万元的事，而且关莹还看到这个直供系统的后续价值。于是，她先找了杜佳锐，让赵来栋把建构直供系统规划给他提报了。

杜佳锐当场算了一笔账：isiwater只要能卖到2万吨，建立这个系统就是不亏的。2万吨不是个大数目，第二年基本就可以突破的。而且他也意识到，这个终端直供系统是整体战略实施的基础保障。所以杜佳锐算完账，坚决同意关莹建立直供系统的规划。

其实，杜佳锐这个时候内心已经有种隐隐约约喜欢上关莹的意思了，所以，不管她说什么，他都会同意的。

在给杜健益提报时，关莹又补充了一个观点，这个直供系统，目前是实施isiwater战略的基础保障，从长远的角度来看，这也是一项投资，因为这个网络不仅能直供isiwater的产品，还能分销其他产品。

杜健益听了提报当天没有马上答复，而是找他的智囊公司去评估。

杜健益的目标比关莹的更远大，他听关莹说这个系统能分销其他产品，就意识到这是一种商业模式，能不能以此为基础做点什么呢？餐饮、饮料、酒的行业，发展前景都很好，而且这些行业都得通过渠道这种模式进入市场。更为关键的是，他看好关莹，所以他要进行更为细致的分析，如果看准了那就继续投资这个人。

让关莹感到意外的是，两个星期后，杜健益告诉关莹，他决定专门成立一家渠道网络公司，由关莹担任独立CEO（首席执行官）。他的智囊公司告诉他，这样公司将会有很大的发展前景，杜健益决定继续投资关莹。

关莹已经没有了之前的震惊，只是想，既然杜健益这么信任自己，那自己就不要辜负人家，把事情做好就对了。但是，她肩头的压力却是非常巨大的。

关莹只对杜健益提出一点要求，任命杜佳锐做新公司的联合CEO，她说杜佳锐的财务分析能力给她的帮助很大。杜健益同意了，不过他任命儿子做渠道网络公司的CFO（首席财务官）。

关莹随即推荐赵来栋做新的渠道网络公司的总经理，全面负责新公司的建立，首要任务就是快速建立针对第一阶段目标终端的直供系统。

这个时候高薪招精英的优势发挥了作用。脾气坏的大头，往往有一批死忠的部下，赵来栋当了总经理，一声令下原来的老部下纷纷跟了过来，关莹也没有吝啬工资，都给予了高待遇，这支专业队伍的战斗力马上就出来了，几乎没有让关莹费什么心，杭州城里最有战斗力、最高效的一个直供系统就建立起来了。

这个系统不仅有直供的能力，更为重要的是，按照赵来栋的设计，这个直供系统中还拥有一支终端推广、维护的队伍，可以直接掌握终端的信息，管理终端的陈列、客记情况，推动终端的销售。按照赵来栋的想法，这支队伍的工作方式不仅仅是终端拜访，更是帮助终端提高销售量。为此，赵来栋亲自训练队伍。

有了这个直供网络作保障，关莹现在就等新产品上市了。

五一节刚过，isiwater就正式上市了。

杭州的所有IT公司白领在五一节后第一天上班，就在公司门外的广告牌、电梯广告上看到一幅新的广告，广告很简单，一罐产品上面只有醒目的一句话："无酒啤饮料，最健康的含气饮料！"

很多IT产业园区以及写字楼的物业，都在这一天不约而同地给入住公司派送五一节开工礼物，礼物就是最新的isiwater。

到了中午，白领到外面的饭店吃饭，发现大大小小的饭店里都陈列满了isiwater，就连边上饮料零售店里也都在醒目的位置上陈列出了isiwater，在办公室里点外卖的，每份外卖也都附送一个易拉罐的isiwater。

这时候的isiwater有一种产品、两种包装形式：一种是355ml的易拉罐，一种是500ml的子弹头型玻璃瓶。

玻璃瓶的都在餐饮店里销售，易拉罐的都在零售店里销售。

白领们看到了isiwater的包装，漂亮时尚自然不在话下，但是好多人都觉得看着眼熟。终于有人看出了其中的门道，这风格怎么这么像苹果电脑的风格？

白领们喝了以后都说，这就是啤酒的味道，所有啤酒的沙口、爽快、泡沫都有，就是没有了酒精，而且比一般的啤酒更爽口，喝着像饮料，一点都不影响下午的工作。

有不少长着啤酒肚的小胖子，吃完午饭直接从小店里买了整箱的isiwater扛回了办公室，上班不让喝啤酒，现在没有了“酒”，喝“啤”总没事了吧？

没几个星期，isiwater就风靡了杭州整个IT行业，甚至有不少上海的IT白领，听杭州的同事说杭州有时尚又好喝的啤饮料，周末到杭州玩时纷纷找isiwater带回上海。

isiwater的销售势头大好，杭州城里大大小小经销商纷纷主动前来联系，要求经销isiwater。

洞察背后的危机

这段时间，关莹非常开心，isiwater上市非常顺利，一切如她当初规划的那样，啤酒公司当它是饮料，饮料公司当它是啤酒，市场上没有遇到竞争对手的干扰。IT行业的男白领很快就接受了isiwater。关莹及时推出了“啤饮料”的开盖有奖，买isiwater送iPod，还有还没在内地上市的iPhone，加上天气越来越热，isiwater的销售势头非常好。

一些大经销商、大卖场都纷纷前来要求经销，关莹内心感受到了从来没有过的开心，这让她对什么是开心有了一种认识，只有经历过了以为自己不可能完成的事情后，才会知道什么是真正的开心。

不过，关莹马上意识到，这么强烈的开心感觉一定会影响自己的洞察思维，所以她想消除它。但是这种开心的感觉太过于强烈，总是影响她的显意识，以至于她即使用了“观想”的方法也没法消除，甚至连着几天晚上沉静练习都没法让自己静下来。因为工作太忙了，形势太好了，她也没有太在意，开心就开心吧。

开心了没几天，她马上就意识到了问题的所在。

这里刚刚和赵来栋开会决定开始实施第二步计划，抓住目前的势头扩大销售范围，把isiwater铺到杭州所有的饮料终端。那里杜佳锐告急了，生产能力跟不上了，原料跟不上了，包装材料跟不上了——现在的销售进度远远超过原来的预期。

听说生产跟不上，急性子的赵来栋着急了，他的着急是有理由的，按照常规，现在市场反应这么好就应该一鼓作气，扩大战果。用他的话来讲，这就好比是举杠铃，要一口气举过头顶，中间不能停，杠铃停在半空再想举也难举动，这番话听上去是很有道理的。结果，弄得关莹也跟着一起着急了。

她找来杜佳锐、工程师以及供应部门一起开会，一定要想办法提高生产能力，分头派人去进原料，让印刷厂加班赶包装。布置完这一切，关莹的内心并没有松一口气的感觉，反而出现了一种恐惧，这是一种关莹从来没有感受过的感觉。

关莹开始以为是反应器的不良反应，是面对巨大成功的恐慌，之前被公司提升策略总监的时候也有过巨大的恐慌感。于是关莹在沉静练习的时候，用自己创造的“观想”方法去删除这种恐惧。但是在删除的过程中，却发现这种恐惧感并不是来自反应器，而是来自更深的潜意识。

关莹意识到这是潜意识在警告自己，一定是自己哪里做错了。反应器中不觉升起了一种很强烈的恐惧感，这种来自潜意识的恐惧感，自从练习了沉静以来还从来没有出现过，现在出现了一定是很严重的警告了。

关莹感觉到问题的严重，更为严重的是，她压根儿不知道问题出在哪里，她与杜佳锐、赵来栋又开了会，要求他们检视各自的系统，查找可能会出现的问题。杜佳锐、赵来栋都沉浸在目前的大好形势中，听关莹说要小心出事，根本没有当回事，嘴上应着，可没有往心里去。赵来栋心里甚至有些埋怨，这么忙的时候开这种会干什么，不是浪费时间吗？

晚上杜佳锐陪父亲吃饭的时候还当笑话说，关莹要让他们当心的事情，还说关莹今天忧心忡忡的。杜健益听了对杜佳锐说：“你知道你和关总的差距吗？”

杜佳锐很愕然，父亲居然在私下称关莹为关总，还问自己与她的差距。

杜健益说：“一个人在形势大好的时候能想到危机，能忧心忡忡，就不是一个简单的人，就能扛大事，更何况这么年轻的女性！要是你不说，我还想给你们提个醒，越是好的时候越是要冷静，否则是要交学费的。现在看来不用我提醒了。”

杜健益问：“关总晚上在哪里？你们都是年轻人，你约她出去放松放松，要劳逸结合。”

杜佳锐说他也不知道关莹在哪里，关莹向他请了假，说明天晚点来公司，她要好好想一想。

杜佳锐给关莹拨了电话，发现关莹的手机关机了。又给关莹的司机小斌打手机，小斌说他刚送关总去了飞机场，他也不知道她飞去了哪里。

杜健益听了点点头说：“像我。”

关莹与杜佳锐、赵来栋散会后来到了萧山飞机场，看到正好有晚上9点多飞海南的机票，买了去海南的往返票，一个人去了海南。

关莹有个感觉，现在要真正冷静下来把事情想明白，一定要跳出现在的事情。于是，她来到飞机场，告诉自己不管遇到飞到哪里的飞机都坐上去，去海南只是随机选的。

半夜12点的时候，关莹到了海南，下了飞机直接让出租车司机找个有海滩的酒店。

凌晨3点钟的时候，沙滩上已经没有了游客，只有关莹一个人坐在海滩上，除了前面一阵阵的海浪拍岸声，身后椰林的“沙沙”声，大海一片漆黑，什么也看不见。

关莹盘坐在海滩上练习沉静，在沉静中，仿佛能感受到自己的反应器就像眼前的海浪一样，一浪接一浪地拍上来，迟迟不肯退去。

关莹并不着急，她知道反应器不能强制地压，越是压越是会反弹，她用自己的显意识静静地看着自己的反应器，尽量不让自己的显意识受反应器的影响，慢慢地反应器安静了，沉静了下去，关莹再一次感受到了已经消失了好几天的沉静感觉，她沉静了下来。

这次静的质量很高，反应器一点都没有打扰她。不知道静了多久，关莹从静中回来，她告诉自己现在可以思考问题了。

她像过电影一样，把从第一次接触健益项目到现在的所有细节回顾了一遍，她向自己的潜意识提出了一个问题：健益饮料项目出了什么问题？

问完问题，关莹又回到了那很深的静中，在那静中，关莹除了还能感觉到自己的显意识存在，身体以及外面的海风、海浪都已经感觉不到了，很安静、很舒服。

又不知过了多久，一个念头出现在关莹的意识中，关莹心里一下明白了问题出在哪里。

关莹睁开眼，刚才沉静前还是一片黑暗的大海，现在已经发出了微光，沙滩上已经有了一些准备来看日出的人。

当天上午关莹就回到了杭州公司。一到公司马上就召开了会议，在会上关莹分析市场的形势、健益饮料公司的现状以及健益饮料公司的发展战略构想。之后作出了一个结论。

关莹说："目前这种销售良好的势头对健益公司来说，既是一件好事，也是一件坏事。如果不能认识到这一点，一定会出大问题。

"健益饮料公司还是一个全新的公司，公司的系统还处在一个磨合调试的过程中，这个时候如果开始扩大规模以及提升运行的速度，很容易让这个新系统爆掉。

"如果爆掉了，之前所有的努力就都白费了，市场是不会给我们第二次机会的。所以现在要做的不是扩大，而是稳扎稳打，夯实自身的基础。不要被那些经销商要货所迷惑，要坚持自己的经营计划。"

杜佳锐说："昨晚听了董事长的话，现在又听了关总的分析后，觉得关总说得很有道理，做实业和投资也是一个道理，首先不要去想赚多少，而是要保证不亏，发展太快了，一个系统如果没有办法承受就会出问题；市场上出了问题，经销商可不会来帮你，所以还是要做稳、做强自己才是本分。”

但是赵来栋不这么认为，他说商场如战场，战机稍纵即逝，一定要抓住机会，否则这种机会就不会再来。

关莹在回杭州的飞机上就想到赵来栋会这么说，也想好了如何分析他的说法。

关莹说：“在赵总原来的公司，赵总的这种观点是正确的。但是现在的问题已经发生了变化。健益饮料公司现在所处的竞争环境是，啤酒公司把我们当做是饮料公司，饮料公司把我们当做啤酒公司。健益现在的竞争环境与赵总原来公司的竞争环境截然不同，市场给了健益饮料公司足够的发展空间与时间。目前取得的市场成果也证明我们之前的判断与策略迄今为止是符合实际情况的。只要健益饮料公司自己不出现问题，市场的这种需求、机会是不会消失的，反而会随着我们自己的不断壮大持续增加。所以，健益公司现在的主要任务就是稳步、扎实地做强自己，而不是盲目地追求市场的发展速度。

“我认为，如果片面追求市场发展速度会带来两方面的问题：

第一，我们自己的系统会出问题，比如质量、供应等方面，这会引起一连串市场问题。前几天我看过一个案例，山东有家制药厂收购了一家快倒闭的啤酒公司，开始的一年，销售恢复得很快，于是所有的领导都决定要扩大规模，上了一个10万吨的新厂，结果新厂还没有建完，产品质量就出了问题，从此以后一蹶不振，再没有翻身。这里面的原因是什么呢？就是一个新的系统取得一点成绩，就开始盲目扩大，结果市场需要超过了系统的运行能力，系统爆掉了。市场是无情的，你好的时候它追捧你，你不好的时候它抛弃你，对于像我们这样一没有品牌，二没有基础的企业来说，一旦被市场抛弃了，再找回来可是难上加难。

第二，如果我们发展过快，一定会引起可口可乐、娃哈哈、康师傅这样的饮料巨头或者雪花啤酒、英博啤酒这样的啤酒巨头的重视。在我们自己还不足够强的时候，引起这些大家伙的重视不是件好事。甚至是引起西湖啤酒、千岛湖啤酒这样企业重视，对我们来说都不是一件好事。所以，还是按照原来的计划发展，满足现有计划需求即可。”

赵来栋被关莹的分析说得心服口服，他打心眼里佩服这个小老板的深谋远虑，关莹想的就是比自己高一个层面，在形势一片大好的情况下，都能这么理智地把控全局，跟着这么一个人做事是种幸福。

更让赵来栋感觉舒服的是，关莹说：“我之所以对健益饮料未来有信心，更为关键的是我们有一套虽然新但是很专业、很有实效的，也就是我们赵总搭建的直供体系，有了这套体系，我们完全可以实施市场精确打击。从我们目前所取得的效果来看，是十分有效的。结合这套系统，市场部与T&T公司已经开发了一套与之相匹配的市场推广模式，让我们的市场资源直接在终端、消费者身上发挥作用。”

赵来栋听了很来劲，接口道：“关总，您这是要‘悄悄地进村，打枪地不要’，‘高，实在是高啊’！”关莹太年轻，不知道这话的出处，没有听懂。有点年纪的都知道，哈哈地笑了起来。关莹被他们笑得一头雾水。

于是，健益饮料公司有条不紊地按照原定计划，一块一块开发着杭州市场。

市场结果确实如关莹判断的那样，市场越是得不到isiwater越是产生需求。isiwater的口碑不断地在升温，而关莹则越来越看到直供系统的价值。

终端推广队伍不断开发终端建立客情，然后有各种针对性的促销政策及时跟上：是餐饮的，有针对领班、服务员、酒水保管的促销政策；是零售的，有针对陈列以及消费者的促销政策。之后直供服务再跟上，及时保证终端有货，但是又不让终端囤货，这样做终端老板也很满意，不像其他的品牌老是让终端囤很多的货，于是每条渠道都打通、理顺了，销量稳步上升。

在市场面上，关莹觉得在全面铺开前，没必要投线上的广告。一则效率不高，杭州市场还没有全面铺开，二则也不容易引起啤酒、饮料巨头的重视。结果杜健益的1个亿的广告费没怎么用，杭州市场就取得了很好的业绩。杜佳锐给关莹算了一笔账，按照这样的进展，健益饮料公司很快就可以盈利了。

通过isiwater的上市，关莹感悟到了这个系统的威力。她也悟到了作为CEO的两大责任，一个是把控策略，另一个就是建构系统、管理系统。夏天销售的旺季一过，她把主要精力集中在了系统的完善上。她知道，只要有了完整的系统保障，今后几年一定能在杭州搞出一番大的局面来，啤饮料产品线的丰富、麦芽饮料的开发、在直供网络中多产品的引进都需要考虑，为此关莹要着手准备了。

同时她做了一件让杜健益感到非常满意的事情，她让杜佳锐在主管公司运营的同时，负责与当地各种人脉建立关系。关莹说："以后我们要把杭州当做根据地来运行，与那些饮料巨头、啤酒巨头发生冲突只是一个时间问题，那个时候光靠我们自己的力量是不行的，就必须与当地方方面面建立关系，这样我们的抗打击能力就强，反过来打击对手的能力也会很强。而这个工作由杜佳锐来做最合适。"

听了关莹的话，杜佳锐想，要在当地找关系，找老爸不就行了？关莹告诉杜佳锐，你爸已经把公司交给我们，我们就要建立自己的关系。人家看你爸的面子帮你几次是没有问题的，但是长期的，作为一种紧密关系的利益集团就有问题，所以一定要自己建立利益集团的关系。

关莹向杜佳锐提报了一份在杭州公关的策略，重点是，一定要把健益饮料公司在杭州政府、公众面前打造成一个新兴的创意产业企业，而不是一般的饮料企业。作为一个创意产业企业，就与传统的饮料企业区别开了。在杭州这样的大环境下就能得到政府的关注、社会的认同，这对日后的发展是十分有利的。

一番对话下来，杜佳锐又被关莹说得服服帖帖，心想自己怎么就没有这丫头这么有心眼呢？她怎么就能想得这么远呢？

杜佳锐把这件事告诉杜健益的时候，杜健益作出决定：

1．T&T公司服务健益公司快一年，他决定继续与T&T公司合作一年。

2．与关莹签了一个10年期的聘任合同，年薪200万元，外加20%的健益饮料公司以及渠道网络公司的股份。也就是说，从第二年起，关莹成了健益饮料公司的股东。

经过一年考察，杜健益对关莹已经有了一个很清晰的认识，关莹这样的人就是他投资的目标。也是他认为理想儿媳妇的不二人选。杜佳锐虽然很善良、很优秀，但是总觉得他缺少关莹这样的天赋，他很希望杜佳锐也能这样，即使不能这样，也得把这样的人娶回家。

Part 15
神奇背后，姐有洞察力

重回神奇圈

关莹的提升，神奇圈也一直在关注。刚与杜健益签完协议，关莹就接到了神奇圈Lisa的电话，Lisa请她回神奇圈一次。

好久没有回神奇圈，关莹想回上海住上几天，在那个神奇开始的地方，好好回味一下这神奇的一年。她把事情都交代给杜佳锐，又与赵来栋等一批中层干部开了会，交代了工作，就回了上海。

关莹没有让小斌开车送自己回上海，而是像第一次来上海那样，去杭州站坐动车回了上海。

在路上，关莹就把自己回上海的消息发到了自己的虚拟空间上，不一会儿Fela就提议，晚上在一年前聚会的来福士楼上的自助火锅见面。快到上海时其他三个丫头纷纷留言一定赶到，老规矩让关莹先去订座位。

关莹到了上海南站，没有回神奇圈而是直接坐1号线去了人民广场。像上次一样，她先去福州路逛了笔店，买了一支毛笔，然后去来福士楼上的自助火锅订了座位。搞定后，时间尚早，她又去了楼下的星巴克，一边把玩毛笔一边品着咖啡。

快7点的时候四个丫头全部到了，关莹一看，女孩们与一年前发生了很大的变化。不仅在着装、打扮上做过专门的形象设计，最大的差别在于每个人都变得十分端庄、宁静，没有了一年前小女孩才有的疯疯癫癫，特别是Fela，简直就像换了个人。

这顿火锅的味道是回味，每个人都在说着自己过去的神奇一年。关莹发现参加过米尔森课程的学员都有巨大的收获。心想，米尔森的课程不仅仅对她有用，看来对谁都有大用。

中间Judy问关莹，什么时候接受米尔森的访谈？关莹被问得一头雾水。

女孩们说，她们都已经接受过米尔森的访谈了，已经过去一年了，米尔森要对每个学员进行访谈，了解这一年中学习洞察力中存在的问题以及收获。

关莹知道这次回神奇圈的目的了，想到会见到米尔森，心中不禁一阵狂喜，觉得脸上有些泛红。Judy突然看到关莹脸上的表情，心里好像感觉到了什么，不禁莞尔一笑。关莹看到Judy冲着自己在笑，好像被人看破心思似的，脸更红了，赶紧低头吃火锅。

Judy心中想，关莹的变化虽然很大，可是内心还是那么纯真，居然还会像个少女一样脸红，真是难得，相比之下，她心中有种酸酸的感觉。

第二天上午9点，关莹去了Lisa的办公室，Lisa告诉关莹，这次请她回来主要有两件事，一件大事，一件小事。

大事是关莹已经从学员升格为初级会员，请关莹回来是为了参加入会仪式。

小事是米尔森老师要对关莹作学习成果评估，即访谈。

关莹并不知道成为会员会带来什么，所以心里没有感觉。倒是对米尔森的访谈充满了期望。

Lisa给关莹说了时间安排，明天先做与米尔森的访谈，后天参加新会员入会仪式。

Lisa又给关莹介绍了新会员入会的流程，关莹发现那是一个非常隆重的仪式，有着装的要求，于是，当场就和形象中心预约了时间。

从Lisa那里出来，关莹换了一身健身服想去健身中心，转念一想，直接跑出神奇圈，朝着佘山的方向跑去。跑到佘山，突然心血来潮，想继续向山上跑，去看看大教堂。可是上山是要买门票的，身上没有带钱，于是，只好扫兴地往回跑。

往回跑的速度很快，跑回神奇圈的时候关莹已经有点精疲力竭了，于是，她直接上了洗浴中心。

做完按摩，关莹重新泡回水池中，静静地在水中半躺半浮着。关莹回顾过去的这一年，感觉现在的她才真正的刚刚毕业，潜意识告诉她，从现在开始就要跨入一个全新的门槛。之前一年的神奇经历，仅仅是踏入这门槛的历练。

想到明天要与米尔森访谈，于是总结了这一年以来的心得，大概有这么几条：

1. 米尔森的洞察力课程以及他的训练方法开启了深藏在她心中的另一个关莹，没有这个全新关莹她根本不会有今天的收获；杜健益以及神奇圈的投资，看中的其实并不是原来那个关莹，而是这个来自她洞察系统中的关莹。

但她也感到这个全新关莹现在还很弱，未来的路就是要让这个来自洞察系统的关莹不断地强大、壮大、成长。

2. 困难与挑战是帮助这个新关莹成长、壮大最好最有效的手段与方法。关莹回忆着，一开始格蕾丝对她的欺负以及杜健益对她极大的信任与投入，这些都是给她的困难与挑战，如果自己还是原来那个关莹，一定是没有办法面对的。但是新关莹面对了，也战胜了，于是新关莹就不断地成长。关莹知道从此她不会再害怕任何的困难与挑战，磨难越大，新关莹成长越快。

3. 财富、地位、名誉不是靠欲望得来的。是新关莹在经历困难、挑战、磨难中带来的副产品，是承担了责任的凭证。财富、地位、名誉本身就是一种挑战与磨难，就是一种责任，是一种动力。

4. 自己创造的“观想”是个有效的方法，它能删除反应器中不良的反应，“观想”加上米尔森老师的“沉静”一起来用，效果最好。关莹告诉自己要好好地总结这个方法。明天要向米尔森老师印证，如果适合其他人的话，可以向Judy、安妮、Fela、萨丽雅她们推荐。

5. 职场练洞察模型是一个非常有效的工具箱，通过对它的运用，自己这一年在概念思考、关系思考上有了突飞猛进的发展，而且还建立了一套非常有效的工作方式。学习洞察力，用职场练洞察模型来打基础是必需的。沉静、观想是对潜意识的训练，职场练洞察模型就是对显意识的训练，两者缺一不可。

6. Alina开始跟着自己学习进入洞察系统，她看到了Alina身上发生的巨大变化。只要有机会可以让周围的人一起来学习，问一下能不能请米尔森老师来讲课。

想着想着，关莹想到了明天与米尔森见面该把自己打扮成什么样子？想了老半天也没有想明白，总觉着这样不好，那样也不好，又怕打扮过了头，让米尔森笑话。后来一想，干脆下午去形象中心的时候，听听他们的意见。

成长的收获

第二天下午两点，关莹坐着神奇圈的车来到了高安路，上海的高安路是一条十分幽静的路，路不宽，是条单行道，两边树木茂密拢住了天空，路边的楼房门口时不时出现一块标注着“近代保护文物”字样的牌子。

车子来到一幢高墙围着的楼前，门卫见车来，好像是认识的，冲着司机点点头，就打开了黑色的大门。

下了车，关莹看到这是一幢白色的洋房，很有20世纪30年代旧上海的味道。门口的服务生好像知道她是谁一样，没有多问就引着她进了楼。

这里面原来是一家高档会所，下午的时候几乎没有人，只在靠窗的位置坐着一个客人，关莹定睛一看，原来是米尔森老师。

自从去年课程结束后，经常在网上与米尔森联络，但是面对面的交谈这是第一次。关莹的内心有点紧张、有点兴奋，终于能与米尔森老师见面了。坐在米尔森面前，关莹觉得自己有点忐忑不安，她用“观想”的方式，悄悄地把这股不安消除了，很快就进入沉静中。关莹运用“观想”的方法越来越熟练，能够在别人不察觉的情况下，时时刻刻删除内心的不良情绪反应。米尔森就没有注意到，他在思考如何开始与关莹的访谈。

米尔森的团队不但一直在为学员提供帮助，而且也在跟踪学员的成长情况。米尔森从掌握的情况得知，关莹是那一期学员中获得成就最高的一个。其他学员在成长的过程中，特别是初期，多多少少都犯过各种错误，也遇到过不少挫折，唯独关莹，从记录的情况来看，几乎没有犯过错误，一路顺风，这让米尔森觉得非常好奇。也许是距离的原因，让他们对关莹的资料掌握得不太全，他想当面了解关莹，她是怎么一路走过来的。

米尔森之前已经访谈过其他的学员，关莹是最后一个，当他知道关莹就要成为神奇圈会员的时候，他决定把访谈的地点放在他的会所。不过他心里觉得很纳闷，一般学员升级为会员，一般都是要经过他评估的，这次关莹居然还没有经过他的评估，神奇圈已经决定让关莹升级为会员了。这让他对关莹这一年的成长经历更是充满了好奇。这个会所与其他会所不同，它同时也是米尔森的工作室，这里主要用来进行洞察力培训的，当然培训的对象也不同，主要面对社会顶层的人士。所有的神奇圈会员都自然获得进入这个会所的资格。

关莹落座后，米尔森告诉关莹这里很简单，只有咖啡、绿茶、冰水三种饮料，关莹像个小女孩一样，要了冰水，心里在想，这么高档的会所怎么只有这三种饮料？还不如神奇圈楼下的会所呢。

服务生上完冰水，米尔森向关莹介绍了今天访谈的话题安排。关莹看到米尔森面前堆了一叠的资料，知道米尔森为今天的访谈做了很多功课。

首先米尔森请关莹介绍了一下她这一年的经历。

关莹很认真地回忆了几分钟，向米尔森娓娓道来，从去T&T上班开始，一直到杜健益与她签了10年的合约，并给了她20%的公司股份……

米尔森很认真地听着，边听边做着笔记。

他发现：从深层意义上来说，关莹这一路没有犯什么错误，也没有遇到什么挫折；从表层意义上说，她并不是没有遇到挑战，而是比别人遇到更多。其他的学员大都是由神奇圈介绍的工作，职位直接在企业的高层身边工作，几乎都没有遇到过像格蕾丝那样的挑战。之后又被杜健益看中，并委以重任，这样巨大的责任与压力也是其他学员所没有遇到的。但是关莹表面遇到的这些事，都通过她的洞察力的修炼一一克服了。而且，关莹把学到的东西升华了，变成自己的东西，已经能够灵活运用，达到了完美的境界。

米尔森突然有种感悟——这是家养与野生的区别。神奇圈其他的学员就好比是家养的，遇到的困难与挑战相对比较小，而关莹则属于野生的，在野生的环境中通过自己学习，更能激发出学员的潜能。这让他想到，也许未来的学员都应该让她们像关莹一样，自己到社会中去磨砺，也许这样更能激发洞察力的潜能。

听关莹讲完，米尔森问了一个问题："从整个过程来看，都非常顺利，但是挑战与困难不少，而且相当大，在这个过程中，你觉得最难的是什么？"

关莹想了一下说："第一次面对格蕾丝刁难的时候最难，差点没有过去，情绪差点失控，爆发冲突。"

米尔森更关心她是怎样过这道关的？她是如何运用洞察力的？米尔森在心里想，如果自己遇到这样的人，估计自己也很难过关的，他很想知道答案。

关莹今天正好想向米尔森老师请教她的"观想"方法，希望能得到米尔森老师的印证。见米尔森问，于是，把她在遇到格蕾丝的挑战时，使用的"观想"方法原原本本告诉了米尔森老师，以及她是如何发展、完善"观想"方法的。

关莹告诉米尔森老师，就她自己的体会来看，她这一路走来，主要依靠了两方面的洞察力训练，否则是绝无可能走过来的。

一方面是潜意识的训练，方法主要是"沉静"与"观想"，这让她能够长时间地处在洞察思维中。即使遇到各种困难与挑战，她依然能够处在洞察思维中。

另一方面是显意识的训练，方法主要是采用米尔森给的那本《职场水晶鞋》书中的职场修炼洞察模型。收获最大的是，通过职场修炼洞察模式的训练，她的概念思维能力与关系思维能力得到了大大的提高，这让她的创意能力、思维能力有了质的提升。

关莹讲的"观想"概念引起了米尔森的极大兴趣。米尔森向关莹详细了解了"观想"具体操作的过程，关莹向米尔森仔细地介绍了她使用观想的过程、细节。

她也不知道这方法对不对，希望能得到老师的印证。

米尔森说，"观想"这个方法至少对关莹来说是个好方法，至于别人是不是也有效，他想先通过他自己学习，体验一下是什么样的效果。如果效果好，再组织更多的人来学；如果存在什么问题，是否可以改进解决；如果没有问题，那可以作为一种成熟的洞察技术向大家推广。

关莹看到自己的方法得到了米尔森老师的认可，心里涌起欣慰的感觉，她知道这又是反应系统的反应，可是这会儿她想享受这种感觉，所以不去“观想”它。

米尔森看到关莹表现出一种很满足的可爱表情，知道小丫头心里很开心，其实这时米尔森比关莹更开心，他发现关莹告诉他的“观想”方法，可能是一种可以完善洞察训练的新技术。米尔森在洞察系统中的能力要比关莹强大多了，高兴过后，他又重新回到了洞察系统中，他已经想好要对这个新技术进行充分的论证。

最后，米尔森又问了关莹一个问题：在洞察思维中，是否遇到十分兴奋的感觉？她是如何处理的？米尔森十分想了解这个问题，从之前的访谈来看，很多学员犯错误，都是因为没有控制住自己洞察后的兴奋，他很想知道关莹是如何克服这个问题的。说句老实话，这个问题也让米尔森在职场成长过程中受困多时，甚至在领悟到这种兴奋的危害的时候，依然不能很好地克服，他也想多方学习。

关莹回想了一下，发现几乎每次大脑中有灵光一现的时候，她的心里都会有一种很强烈的兴奋感觉。

于是，她对米尔森老师说，几乎每次进行洞察思维的时候，潜意识给出答案时都会有强烈的兴奋感觉，到现在依然会有。米尔森很认同，自己到现在也依然会有这种强烈的兴奋感觉。

关莹继续说，每次出现这种兴奋的感觉，她都根据米尔森在课上讲的那样，都不让这种兴奋的感觉爆发出来，而是让显意识与潜意识继续进行沟通。最后还会有兴奋感，实在强烈，她就用“观想”的方法进行删除。

米尔森继续问，当时有没有想要急于表达的冲动？

关莹说，有过这种冲动，一则，在洞察思维系统中，被自己控制住了。二则，起初自己的职位太低，想的东西又太大，所以，也没有敢随便说，怕人笑话，特别是对健益啤酒公司调查那次的洞察，其实她是很想在公司里说的，但是，这事太大，而自己职位又太低就没敢说。后来，承担的责任越来越重了，就怕自己的思考不成熟，没有深思熟虑不敢随便表达与交流……

米尔森发现其他学员普遍都没有克服的问题——洞察之后的兴奋，关莹很好地克服了，得意而没有忘形，这很好。原因有两点，第一点是，关莹非常认真地听从了他在课堂上讲的原则，主动克服了这种兴奋，而且她自己还发明了“观想”的方法。第二点是，与关莹当时所处的环境有关系，巨大的责任让关莹在做所有事情的时候，都要三思而行。

米尔森发现这种兴奋感之所以很难克服，主要还是当事人自我显示的欲望在作怪。回想自己当年每次被这种兴奋的感觉牵着鼻子走的时候，就是自己这种想在人前自我显示的欲望在作怪。米尔森突然想到关莹发明的这种“观想”方法，不就是消除这种自我显示欲望的好办法吗?

与关莹的访谈，米尔森的收获非常大，他自己也很想开始“观想”的体验。

神奇的老板

第二天下午3点的时候，关莹从形象中心出来，Lisa已经在门口等着她了。Lisa看见关莹出来，不禁惊叹：“莹莹，你真漂亮！”

形象中心知道关莹今天要去参加入会的仪式。这是一个非常重要的仪式，所以，根据关莹的气质、体形，给她配了一件纯白色的、通体绣着白色牡丹花的旗袍。

这一年多来，关莹通过洞察力的训练，基本上改掉了贪吃零食的习惯，人也瘦了10多斤，可是，她的体形总体上来说，还是属于那种比较丰满的类型。但是，她该细的地方都细，这样一来，她的身上的曲线非常分明，这样的身材适合穿旗袍，而且形象中心的人都知道，神奇圈的老板本身就是个旗袍迷。所以他们就为关莹配了一件旗袍，而且是白色的，因为今天关莹是整个仪式的中心，白色既能吸引视线，而又不张扬，十分吻合关莹的气质，配上加厚防水台的高跟鞋，关莹的体形被彻底地改造了，变得很可爱、很好看，再配上妆容、发型、手包，怪不得Lisa一见到关莹就惊呼漂亮。

半个小时的路程，关莹与Lisa一起坐车来到神奇圈总部所在地。上海，关莹还不太熟。但是在车上凭着看外面的感觉，觉得神奇圈总部的方位就在米尔森老师的会所附近。也是那种20世纪30年代的别墅、公馆。

下了车，进了门，是一个非常大的厅，看起来这里正在准备派对，一群服务生正在里面张罗。Lisa带着关莹直接上了楼，她先把关莹带到一间会客室里，让关莹稍等，自己去请神奇圈的老板。

不一会儿，Lisa就开门走了进来，后面跟着一个很漂亮的女性，年纪看起来和Alina差不多，也就30岁左右，穿着一身黑色的商务套装，身材高挑，居然比穿着高跟鞋的关莹还要高出小半个头。关莹心想，神奇圈的老板不会这么年轻漂亮吧？会不会是秘书呢？于是仔细看了一眼这位女性。发现她居然没有化妆，天然的红唇、黑眉，皮肤非常白净，透着一种英气。

当关莹的目光与这个女性的目光相遇的时候，关莹告诉自己，这个女性就是神奇圈的老板，因为关莹在她的眼睛里看到了一种光芒，这种光芒透着平静、干净、随和、锐利，这是一种让关莹感到很亲切的感觉，这种眼光在米尔森眼里也有。

到跟前，Lisa侧让开身向关莹介绍：“关莹小姐，这位是我们的董事长孙董。”转头又介绍关莹。

孙董看起来与关莹已经很熟的样子，走到关莹跟前，拉起关莹的手：“虫虫，你还不认识我吧，我可是关注你很久了。”

关莹觉得非常惊奇，孙董居然叫着自己的小名“虫虫”，在神奇圈还没有人知道自己的小名，平时只有Alina以及杜佳锐才知道，不过他俩也很少叫她虫虫。所以关莹听了既觉得非常惊讶，又觉得非常亲切。

孙董放下关莹的手，回头向Lisa示意，Lisa退了出去。

孙董让关莹坐下，自己也坐在了关莹的身边。

她对关莹说："从现在开始，你就叫我凯蒂好了。"

看着关莹有点惊讶和不好意思的神色，孙董说："我的名字叫孙为迪，在公司里，正式场合他们叫我孙董，平时叫我凯蒂。在神奇圈的会员圈子以及我的人脉圈子里，基本都叫我凯蒂了，以后你也是哦。"

未等关莹接口，凯蒂问关莹："我叫你'虫虫'可以吗？"

关莹赶紧点头："好的。孙……"关莹还是有点不习惯叫凯蒂，所以有点迟疑。

凯蒂听了笑笑，说："亲近是需要相互了解的，我了解你很多，你还不太了解我。所以，我让Lisa把你早点带过来，就是想和你有个沟通的时间，让你真正了解神奇圈，了解我。"

于是，她向关莹介绍起自己的过去，神奇圈的由来……

原来，凯蒂今年40岁还不到，20多年前，凯蒂还是一个小丫头的时候，从宁波来到上海打工。在上海非常有名的美食街——乍浦路当了服务员。凯蒂与一般女性不一样，一般的女性在包间里都是傻乎乎地等客人召唤，而凯蒂却站在那里听客人谈生意经，听得津津有味，而且对那些很有头脑的老板崇拜有加。这些客人经常光顾，见凯蒂长得漂亮机灵，而且招呼客人很热情，客人也都很喜欢凯蒂。其中一个凯蒂很崇拜的老板，后来看上了凯蒂，这个老板的老婆当时很忙，去日本留学，那老板身边没了女人，就骗凯蒂说，他和老婆离婚了，说要娶凯蒂，结果凯蒂就与他同居了。

当关莹听到这里的时候，发现凯蒂居然把这么隐私的事情都告诉她，心想凯蒂没有把她当外人。

那个老板非常喜欢凯蒂，不是因为凯蒂年轻、漂亮，而是因为凯蒂从小受到宁波有教养家庭的熏陶，很懂得服侍好男人和操持家务。她把那老板服侍得舒舒服服，而且还喜欢听他讲生意经，就像听故事一样开心。那老板是在柳林路第一批做生意的，是柳林路上有名的大户，是个有事业心的男人，很有些生意心得。其实每个人都十分喜欢身边有个倾听者，所以，这个老板自从认识了凯蒂以后，出去与朋友应酬少了，老板一有空就给凯蒂讲生意经。

凯蒂从她妈妈身上学会很多宁波人的优良传统，包括男人要会赚钱，女人要会节省等。凯蒂在家从小吃过苦，知道吃苦的滋味，那老板给她过日子的钱，她也没有怎么乱花，剩余的都存了起来。有一次老板带她去乍浦路吃饭时，听几个朋友讲流行买股票，之前几个买股票的朋友都发了财。言者无心，听者有意，凯蒂知道了股票这回事，但是凯蒂在上海没有户口不能开户，于是找到了在上海的姨妈，用她的证件开了户。

当时她还是一个门外汉，股票什么的根本不懂，不像别人，买进卖出如家常便饭。在她的脑子里，股票与国库券是一样的东西，所以把股票当做了存银行的储蓄，一有了钱就让姨妈给她去买股票，买了就放那儿不动。

过了两年多，老板的老婆从日本留学回来，知道老公在外面养了人，带着娘家人上门把凯蒂痛打了一顿，凯蒂差点被打断手脚。结果凯蒂住了院，老板的老婆被治安拘留了。

俗话说：“伤筋动骨一百天。”凯蒂在姨妈家养了三个月。伤好后，凯蒂找到了老板夫妇，还召集了老板的朋友们、邻居，人家以为凯蒂是来要医疗费的。她确实伤得不轻，他们也准备要赔钱了。没想到，凯蒂当着大家的面，与老板当面把话对质清楚了，让所有的人都知道她不是第三者勾引有妇之夫，是老板骗她的。之后凯蒂又拿出一本小账本，原来这是这两年多来，老板与她一起生活的开销，总共不过10万元。让老板当面确认过以后，凯蒂当场拿出10万元，丢给老板夫妇，这让在场的所有人都很惊讶，他们都没有想到凯蒂不是来要钱的，而是来还钱的。更让人没有想到的是，凯蒂又拿出另外一包10万元，给了老板夫妇，说：这10万元算是她用钱的租金。这让所有的人当场都震惊了，这等于告诉所有的人，这两年多中，不是老板把凯蒂睡了，而是凯蒂把老板给睡了。凯蒂给完钱要走的时候，老板的朋友们问凯蒂，她的伤要赔偿多少钱。凯蒂说了句，我的伤，你们赔不起，说完就走了。结果凯蒂的事迹在上海整个生意圈中声名大振，那个老板则从此一蹶不振，恨死了他老婆。

20万元在当时绝对是笔巨款，人们不知她哪来这么多钱，背后来头肯定不一般。原来，这几年凯蒂让姨妈买股票，已经翻了好几番，账面上已经有了30多万元。当知道自己有这么多钱的时候，凯蒂决定要找回自己的名声。

其实，与这个老板同居一年多，凯蒂的收获是很大的，她学到了在她以后人生中非常重要的人生法则和生意规则。

第一条：做生意就是在做人，做人就是做名声。这个老板在柳林路生意之所以做得比别人大，关键是他做人做得好，上家给他的货比别人便宜，他再便宜给下家，遇到拮据兄弟要做生意，也可以赊账。这样做人做好了，名声做出来了，名声大了生意自然做得更大。正是基于这样的认识，凯蒂打定主意，一定要在众人面前把钱还给老板，还要付租金给他，虽然自己付出了20万元，但是自己的名气没有损失，反而让自己声名大振。

第二条：她认识到了股票的价值以及投资的方法。并悟出一条，投资回报要用时间来实现。

离开了这个老板，凯蒂已经有了10多万元的股票，在当时的上海已经可以衣食无忧了，但是凯蒂没有闲着，她要继续学习。她没有去学校，她认为最好的学校是在饭店，最好的课堂在包间。她发现，这个社会上真正有本事的人，是那些做大生意的人。能把生意做大的人，一定是有智慧的人。而在包间吃饭的时候，这些有本事的人最愿意交流生意经，那么在包间里当服务员，就是最好的听课和学习的机会。

这次凯蒂没有去乍浦路，而是去了更为高档的黄河路美食街。人家知道她的名气，要让她当领班，可是凯蒂不要，只要做最好包间的服务员。饭店当然同意了。

在黄河路，看上凯蒂的客人不计其数，凯蒂都不为所动。相反，不知不觉中她爱上了一个倒卖批文的生意人。这个客人是个北京人，一口好听的北京话，很文雅，也很有气质，和蔼可亲，给人一种很容易亲近的感觉。其他生意人谈的生意经她都能听懂，唯独这个客人的生意经，她听不大懂。这个客人发现她在用心听他讲话，像找到知心听众一样，当然愿意讲了。时间一长，两人开始经常约谈，凯蒂把那些听不懂的事情向他请教，这个客人就像教学生一样耐心教她。后来才知道，这个客人要把她培养成他的利器。

经过一段时间的约会，凯蒂渐渐明白了，原来的柳林路老板与这个做批文生意的老板比起来，简直就是小儿科，她学到了一条从古至今做大生意的规则，就是做生意必须与权力相结合。

第二个老板虽然也很喜欢凯蒂，但是他始终与凯蒂始终保持着老师与学生、上级与下属的关系，从来没有越雷池一步。在凯蒂的心里，她深深地爱上这个老板。这个老板为了把凯蒂培养成为帮助他猎取权力的利器，教会了凯蒂很多东西，让凯蒂彻底脱胎换骨了。之后凯蒂在全国各地结识了很多上层人物，她为老板赚了很多钱，老板也没有亏待她，她把这些钱很大一部分投入股票中。当倒卖批文不太好做的时候，凯蒂离开了老板，因为这时的凯蒂不愿继续承受内心的煎熬，她深深地爱着老板，可是他的老板却丝毫没有爱上她的意思，一直把她当做得意门生、干练下属。

凯蒂看得出，这个老板并不是不好色的人，身边的女人也是三天两头换，可是就是不对她动心。要是一般自虐的女人，可能会一辈子跟着这个老板，但是超级聪明的凯蒂领悟到，这个老板是在利用她的感情牵制着她，让她为他所用。这让凯蒂学到，为了生意，感情是感情，理智是理智，两者在生意中一定不能混淆。能做到相当大规模需要强大的意志力，当她真正领悟到这些的时候，她发现自己已经可以独立了，于是她选择了离开，这种离开不是单纯意义上离开，而是感情的离开，她把自己升格为老板的生意伙伴、利益同盟。

几年下来，凯蒂回到上海的时候，看了一下自己的股票账户，这时差不多已经有了2000多万元。这个时候，正是上海开始建设的好时候，她利用之前已经建立起来的网络，别人拿不到的项目，凯蒂很轻松就拿到了，再像发牌一样发出去。几年下来，凡是在上海可以赚钱的事，凯蒂都没有错过。在开始涉足房地产行业之前，凯蒂手里就有充足的资金，更为关键的是，她建立了自己独有的经营体系和无人可比的人脉圈。之后做房地产，凯蒂的财富更是像滚雪球一样增长。

进入新世界

听到这里，关莹觉得凯蒂的经历就是一个传奇故事。

凯蒂接着说，很多人觉得赚钱很难，其实，只要你不贪心，找到其中的规律，赚钱一点都不难，反而非常容易。问题是，自从她非常有钱以后，她就有一种很大的困惑，赚钱为了什么？她这样赚钱的意义在哪里？她还很年轻，她的钱几辈子也花不完，她为什么还要赚这么多的钱？

直到有一次，她在网上看到了米尔森的博客，被米尔森的博客所吸引，之后又参加了米尔森的洞察力培训课程，让她知道什么是洞察力。她发现自己就是一个天生有很强洞察力的人，但是她的洞察力已经被赚钱所绑架，看不到在赚钱背后的人生意义与价值。听了米尔森的课程以后，凯蒂重新找回了洞察力。

她发现：资本并不贪婪，贪婪的是人，贪婪的人与资本结合，资本就变得贪婪，而且会带动与之相关的所有人都变得贪婪。反过来，智慧并且有洞察力的人与资本结合的时候，资本也会变得智慧，也会带动与之相关的所有人变得智慧。

这种智慧与资本结合的设想，首先在她自己的圈子里做了很多实验。在进行了洞察力训练以后，她周边的人也开始有变化了。这让她有了一个奇妙的想法，就是把很大一部分资产拿出来成立一个投资基金，成立神奇圈，培养更多的具有洞察思维的女性。当这些女性真正掌握了智慧以后，用资本去投资她们，她们与资本结合，进入到更多主流社会中去，这样就可以影响、改变更多的精英人群。凯蒂认为：主流社会的精英与非洲的灾民一样需要救援，灾民需要救援的是粮食，而主流社会的精英们需要救援的是精神、是智慧。一个社会的主流精英如果失去了对智慧、精神的爱好，那么必然堕入对欲望的追求，这么一批人如果再拥有资本那将是一件非常可怕的事。

最后，凯蒂对关莹说："这就是我成立神奇圈的初衷，你就是按照这种初衷训练出来的学员。杜健益是我的朋友，他并不知道你是神奇圈的，我们聊天时，他总是和我说你的事迹，我对你的成长过程非常了解，因此没有经过米尔森老师的评估，董事会直接将你升格为会员。从今天开始，你会获得与我当时相同的起步资金——2000万元人民币。考虑到通货膨胀以及环境因素，折算成1亿元。之后，神奇圈会评估你的洞察能力以及影响力，成为中级会员以后你就有10亿元的投资额度，成为高级会员以后，会有50亿元的投资额度，最后成为合伙人，没有上限。"

关莹听着凯蒂在说，心中由衷地佩服凯蒂，她就是一个传奇，而且她还在复制她的传奇。

关莹心里佩服着，嘴里下意识地说了句："谢谢您，凯蒂姐！"

凯蒂听了，哈哈笑了起来说："好，姐，我喜欢。"

晚宴开始的时候，凯蒂牵着关莹的手步入了大厅，凯蒂向大家正式宣布，关莹成为神奇圈的会员，并把关莹逐一介绍给了每一个人。

关莹发现这里聚集着的，是真正的上层社会精英，每个人都像迎接家庭新成员一样欢迎她，她真正感受到了凯蒂的能量与世界，这里的每个人，在未来都可以给她无法想象的帮助，她发现她正在迈入一个全新的世界。这一刻让她领悟到了凯蒂说的资本要和智慧结合的道理。

就在她憧憬着未来的美好时，手机振动了，是杜佳锐的短信：“莹，等你回来，我愿把一生的小巢献给你……”

后记

得到一次天上掉馅饼式的成功，这由你的命运决定；要得到一辈子的成功，这由你的智慧决定。

进入哪个行业，这由你的命运决定；要在那个行业中取得成功，这由你的智慧决定。

嫁个好男人，这由你的命运决定；要与这个好男人白头到老，幸福终生，这由你的智慧决定。

人总是在梦想、追求由命运决定的一次性的成功，却很少去思考如何拥有让你一辈子获得成功的智慧。

洞察力是什么？洞察力就是智慧！

智慧是一个人的意志能力、注意能力、创新能力、洞察能力、分析能力、判断能力、沟通能力、自我控制能力等等能力的总和。

看了这些能力，也许就明白了，为什么人们更热衷于等待天上掉馅饼的成功了。拥有智慧太复杂，要拥有的能力太多，而且这些能力，每项都是超人的能力，也许，你照着镜子都不会相信，自己这个样子，会拥有智慧吗？

其实，拥有智慧是有捷径的！

意志能力、注意能力、创新能力、洞察能力、分析能力、判断能力、沟通能力、自我控制能力等等所有这些能力，都是在你的“洞察思维系统”中的能力。换言之，只要你能从自己平时所处的“反应思维系统”进入“洞察思维系统”，你就能拥有这些超人的能力。

智慧的捷径，就是训练自己进入“洞察思维系统”。

“关莹神奇的洞察力之旅”是一个帮助你学习进入洞察思维系统的情景模拟案例。当你阅读完后，值得你再次复习，请你扮演关莹，跟随情节的发展，与关莹一起学习，分享她的学习心得，与她一起创造职场奇迹，进入升职快通道。